FAUT-IL

LA

RÉPUBLIQUE

OU

LE PRÉSENT ET L'AVENIR

PAR

M. CONTE.

PARIS

CHEZ L'ÉDITEUR, A LA LIBRAIRIE,

PASSAGE DU GRAND-CERF, 52, SOUS L'HORLOGE,

Et chez les principaux libraires.

1849

AVANT-PROPOS.

La révolution de Février existe : elle est et sera un fait accompli dans toutes ses conséquences.

Née de l'idée, elle doit marcher avec l'idée ; aveugle ou fourbe celui qui ne le voit pas, téméraire ou traître celui qui espère l'arrêter dans son essor, qu'il cherche à la comprimer ou à lui faire faire fausse route.

Ce n'est pas contre Louis XVI que la France, en 1789, s'est levée en masse : c'est contre les institutions sociales, si peu en harmonie avec l'idée. Ce ne sont ni les traîtres ni les coalisés qui ont renversé Napoléon : c'est l'idée. Comprimée davantage d'année en année, elle a voulu reprendre sa marche, elle s'est affranchie.

En vain la Restauration a-t-elle cherché à la contenir ! Telle qu'un torrent impétueux entraîne tout ce qui s'oppose à son passage, l'idée, après un temps d'arrêt, comme pour mieux rassembler ses forces, a entraîné la Restauration, et s'est avancée.

Accueillie d'abord, mais bientôt oppressée par la monarchie de 1830, elle a soufflé dessus, et la monarchie de 1830 a déménagé par une porte de derrière sous les yeux même des capables, des fameux ; de ces grands hommes d'État qui l'avaient pétrie, conseillée, guidée ; de ceux-là qui se croient habiles, parce qu'ils sont roués ; capables, parce qu'ils sont ambitieux ; forts, parce qu'ils compriment ; grands, parce qu'ils s'entourent de myrmidons ; de ceux-là qui, avec tout leur talent, n'ont pas su retarder d'une seconde la chute de cette monarchie, leur œuvre.

Comprimer l'idée est une imprudence, et l'imprudence en politique est crime. Comprimer l'idée est une imprudence aussi grande que serait celle de chauffer outre mesure un dilateur plein d'eau privé de soupape de sûreté ; c'est provoquer une explosion ; elle peut être retardée parfois, mais elle n'en est pas moins inévitable.

Sceptiques déhontés, ambitieux sans frein, égoïstes de tous les étages, qui vous cabrez contre le progrès de l'idée, en vain lui opposerez-vous sabres et baïonnettes, verroux et tortures : l'idée est une, indivisible, invulnérable ; pas plus que la Divinité, elle ne peut être soumise, elle commande, elle ordonne, et quand le jour sera venu... demain peut-être... elle se jouera de votre force compressive.

Il n'y a pas si longtemps encore, pour que vous l'ayez oublié, qu'un roi disait : Je n'ai jamais été si bien assis sur mon trône ; et deux jours plus tard il se sauvait clandestinement.

La force compressive lui avait fait défaut. Dans cette milice citoyenne qui l'entourait, pas une baïonnette qui n'appartînt à l'idée ; dans cette formidable armée réunie autour de lui pour le protéger, pas un soldat qui ne fût le soldat de l'idée ; dans cette nombreuse police qui le gardait, trente-huit hommes seulement lui étaient restés dévoués (1), les autres obéissaient à l'idée.

(1) Voir le discours du général Gourgaud, du 4 août 1849, à l'Assemblée législative.

De cette nuée de courtisans qui, le matin encore, prônaient la puissance et la grandeur du souverain, pas un ne lui était resté fidèle... Nous nous trompons!... le général Gourgaud avait, le dernier, quitté les Tuileries (1) : tous avaient cédé à..... la peur! J'allais presque dire aussi à l'idée.

L'idée est le progrès humanitaire; ses besoins se développent de période en période, de même que grandissent d'âge en âge les corps animés. Rester stationnaire, c'est forcer l'homme à revêtir ses habits d'adolescent, dans lesquels il ne peut plus entrer sans les déchirer. Depuis 89, les réformes sociales n'ont pas fait un pas, à moins qu'on n'appelle marcher ce rebadigeonnage de toutes les époques, maniant et remaniant la forme, sans jamais toucher au fonds, allant tout au plus jusqu'à effleurer un abus, mais, par contre, introduisant un abus plus grand encore. Il est temps de faire cesser cet état de choses; il est temps de réformer pour réformer, de réformer pour tous, au profit de tous.

C'est dans ce but que nous publions cette brochure, c'est dans ce but que nous faisons appel aux hommes généreux qui s'occupent d'amélioration sociale. Nous les prions de publier leurs travaux.

Aux sceptiques, aux ambitieux, aux égoïstes, nous avons dit : La position de la France est telle que celle d'une caravane traversant le désert; elle doit arriver dans un temps donné ou périr; une halte, si peu prolongée qu'elle soit, la tue.

Nous leur avons tenu ce langage pour l'acquit de notre conscience seulement, car ce serait pousser bien loin la niaiserie que d'espérer en ramener un seul; leur cécité est incurable.

(1) Voir le discours du général Gourgaud, du 4 août 1849, à l'Assemblée législative.

Aux hommes généreux que nous appelons à notre aide, nous disons :

La société réclame, plus vivement de jour en jour, de grandes améliorations, et nous restons constamment à l'état presque complet de théorie.

Le malaise est immense, il menace de dévorer une portion de la société ; et pas un fait, pas une pratique proposée pour le conjurer... Des phrases, rien que des phrases, et toujours des phrases.

Le malaise est immense, patent, connu de tous, même des moins clairvoyants, et nous passons notre temps à le décrire, à ressasser ce que tout le monde sait. Nous faisons en cela comme ce médecin : appelé auprès d'un malade, il explique pompeusement les causes de la maladie, et se retire sans rien prescrire pour la combattre.

Et encore nos théories, comment les présentons-nous ? Toujours isolées, sans corrélation entre elles, quelquefois même prenant la conséquence pour la cause.

Où nous a conduits cette manière de traiter la question socialiste ? Où peut-elle nous conduire ? — permettez-moi l'expression — à patauger !.... oui, à patauger !...

Nous avons donné à l'idée rétrograde une force qu'elle était loin d'attendre, une volonté qu'elle manifeste ouvertement, laquelle nous a déjà ramenés bien avant le 24 février.

Avec le bon sens, la raison, le bon droit pour auxiliaires, nous prêtons le flanc au ridicule que la mauvaise foi déverse sur nous à pleines mains.

Apôtres de l'humanité, de la morale, nous laissons la plus large part à la calomnie : pour une partie de la nation, nous sommes des monstres à face humaine, avides de sang, ennemis de la famille, *partageux*. Avides de sang ! nous qui avons voté l'abolition de la peine de mort ; nous qui, après la victoire, n'avons jamais trouvé que des vaincus sur le champ de bataille, auxquels nous avons cordialement tendu la main pour les relever.

Ennemis de la famille! nous qui proposons de créer des institutions pour qu'une pension aux vieillards leur permette de rendre leur dernier soupir au milieu de ceux qui les aiment et qu'ils chérissent, entourés de leurs soins affectueux, et non dans une maison publique d'aumône; étrangers à tous, privés de voir les leurs, où leurs dernières paroles, leurs vœux les plus chers et les plus sacrés passent sans laisser la moindre trace. Ennemis de la famille! nous qui, par des réformes sages et prévoyantes, voulons amener le bien-être dans le foyer du pauvre, soustraire à la corruption la jeune fille que la misère prostitue, sauver du déshonneur le jeune garçon que la faim livre à la police correctionnelle ou aux assises, et que le régime *moral* de nos prisons, tel qu'il existe, établi par ceux qui se disent les amis de la famille, rejette plus tard dans les bagnes ou sur l'échafaud.

Ennemis de la famille! nous qui nous efforçons de créer des institutions qui permettent à tous les pères de donner du pain à leurs enfants, nous qui voulons, en l'affranchissant du fisc, faire arriver le vin sur la table du pauvre, le réconforter, le réjouir en ménage, et l'amener ainsi à oublier le chemin des barrières.

Ennemis de la famille! nous qui nous croisons contre l'usure et tous les autres fléaux de la famille, issus de votre vieux monde auquel vous vous accrochez, peu importe par quel moyen, parce que vous sentez avec raison qu'il faut de la probité, de l'honneur, des vertus pour figurer dans le nouveau, celui que nous voulons, que nous aurons dès que le peuple comprendra combien on l'abuse.

Entendez-vous? il faut de la probité, de l'honneur, des vertus, car les institutions du nouveau monde reposent sur la morale et l'humanité.

Nous sommes des partageux, dites-vous, dans votre rage calomniatrice?

Des partageux! nous qui avons proposé d'alléger le plus possible l'agriculteur des charges qui l'accablent; nous qui avons proposé, en faveur du contribuable, toutes les économies introduites dans le budget, et tant d'autres rejetées par les amis de l'ordre et de la famille, les modérés, ou du moins ceux qui se disent tels.

Nous qui, pour prévenir tant de ruines, prêchons la réduction du taux de l'intérêt de l'argent; nous qui voulons l'établir en rapport avec le revenu des terres; nous qui écrivons contre la monstruosité des frais hypothécaires, du coût des actes d'emprunt; nous qui réclamons la création de comptoirs agricoles en faveur de la famille rurale, qui se disloque souvent par suite de l'usure; nous qui prêchons le rachat des chemins de fer par l'État, afin do faciliter l'écoulement des denrées; nous qui voulons réformer la magistrature pour épargner aux campagnards des déplacements onéreux, des frais de procès ruineux; nous qui poursuivons avec ardeur, par tous les moyens en notre pouvoir, l'amélioration des positions rurales, et tant d'autres créations amélioratrices qui introduisant le bien-être dans la famille, empêcheront ses membres de se disperser, pour aller chercher au loin ce qu'ils trouveront chez eux (1).

(1) Commerçants, boutiquiers, ouvriers, paysans, hommes simples et crédules de tous les états que l'ancien monde exploite à l'aide de fictions, si ridicules qu'elles soient; à l'aide de mensonges les plus éhontés, de calomnies atroces; qu'il effraie sans cesse; qu'il arme les uns

Il est temps de s'occuper de la pratique; il est urgent de publier l'idée organisatrice. En effet, comment parvenir jamais à édifier, si les plans restent constamment enfouis dans les cartons de

contre les autres afin de mieux vous dominer; qu'il exploite par tous les moyens; vous tous qui servez, sans vous en douter, de marchepied à vos ennemis naturels, les *repus*, qui vous écrasent, le sourire hypocrite sur les lèvres, la flatterie au bout de leur langue menteuse, afin de vous mieux tromper.

Commerçants, boutiquiers, ouvriers, paysans, nous allons vous les faire connaître, les *partageux* : ils sont tous dans le vieux monde. Ce ministre qui, par des réformes sages, pourrait obtenir des économies dans son département, et ne les propose pas : partageux! Il prend sur vous, au détriment de votre famille, ce qu'il vous force à donner au fisc, et cette prise de tous les ans, accumulée, produit de fortes sommes que vous auriez, tandis qu'elles ont été absorbées par cette classe de *partageux* qui fait plus encore que partager... elle garde tout.

Ce ministre, entouré des siens qu'il place dans les plus hauts emplois, emplois qui absorbent les gros traitements du budget : partageux!

Ce représentant, toujours aussi éloigné des économies qu'il est prêt à voter des augmentations d'impôt ou des droits fiscaux : partageux!

Et ces représentants, ces ministres, qui, pour épargner les gros, et par conséquent eux-mêmes, laissent l'assiette de l'impôt telle qu'elle a été établie par l'ancien monde, impôt si lourd pour le pauvre, et si léger pour le riche : partageux!

Ce capitaliste qui vous prête à plus ou moins usure, car vous empruntez toujours à un taux onéreux, puisque vous payez un intérêt plus élevé que le rapport de vos terres : partageux!

L'avoué qui vous poursuit pour un remboursement, l'huissier qui vous saisit, le fisc qui grossit votre dette, déjà si difficile à payer : partageux!

Le notaire qui vous exploite dans ses actes : partageux!

Le spéculateur qui, par des accaparements, surtout dans une année de disette, se gorge d'or : partageux!

L'Etat, dans son budget imprévoyant, au lieu d'être paternel, qui ne prend pas ses mesures pour réparer les tristes effets d'un fléau qui vous accable : partageux!

Nous n'en finirions plus si nous voulions énumérer toutes les classes de partageux; je vais vous donner un moyen sûr de les reconnaître.

Causez avec ceux qui veulent les institutions de l'ancien monde; si dans votre interlocuteur vous ne découvrez pas un ignorant, un ignare, un stupide, vous pouvez vous dire hardiment, sans crainte de vous tromper: « Voilà un partageux! un tondeur! »

C'est aussi dans l'ancien monde que nous trouverons les ennemis de la famille. Suivez-moi.

L'ennemi de la famille, quel est-il? N'est-ce pas celui qui veut lui ravir son honneur, son bien-être, ce qui lui appartient? Or, un *partageux* ne veut-il pas ravir à la famille? Donc il en est l'ennemi.

Aussi classons-nous en tête des ennemis de la famille toutes ces mille espèces de partageux qui foisonnent dans l'ancien monde.

Voyons quelles sont les autres; elles sont nombreuses.

Ceux qui cherchent à corrompre, à avilir l'homme par l'aumône, au

l'architecte? Comment la propager, l'idée organisatrice, toujours neuve pour ceux qui ne l'ont pas conçue? Comment faire comprendre et accepter le bien qu'elle apporte en elle, si la presse ne la pu-

lieu de l'élever par le travail, ne sont-ils pas les vrais ennemis de la famille? Ceux qui, au lieu de pousser à l'introduction d'améliorations sociales qui permettraient à chacun de gagner par le labeur de quoi faire aller son ménage, se cabrent contre ces institutions; ceux-là ne sont-ils pas aussi les ennemis de la famille? Ceux qui s'éloignent des villes qu'ils habitaient; ceux qui réforment leur train de maison; ceux qui, ayant de l'argent, renvoient le paiement des notes de leurs fournisseurs; ceux qui quittent la France pour un temps plus ou moins prolongé, ne sont-ce pas les plus mortels ennemis de la famille, surtout lorsqu'ils agissent ainsi par calcul, dans le but de forcer par la faim le commerçant, l'ouvrier, le prolétaire à accepter des conditions qui leur redonneront, à eux, leurs priviléges, au détriment de la grande majorité de la nation; ceux-là ne sont-ils pas les véritables ennemis de la famille?

Froids égoïstes! leur cœur s'émeut-il des angoisses de la faim qu'ils causent, des trépas prématurés qu'ils provoquent, des victimes qu'ils forcent à se prostituer, de l'avenir de ceux qui vont le flétrir sur la sellette des cours et tribunaux, précipités qu'ils y sont par la faim?

La faim! appeler en aide la faim pour satisfaire leur ambition, pour contenter leur sceptique égoïsme! Ah! c'est horrible! c'est infâme! Le rouge nous couvre le front, nos cœurs se crispent d'indignation!... Et ce sont ceux-là qui se disent les amis de l'ordre, les honnêtes, les modérés, les amis de la famille! Et cette infamie est si naturelle chez eux que pas un remords, pas un regret ne vient troubler leur joie, si ce n'est le cri stimulant de leur avide ambition!

Que sont les tortures d'autrui pour leurs cœurs desséchés? Ils se feraient bourreaux s'il y avait de la faveur à être bourreau!

Ceux qui, toujours dans le cercle corrupteur de l'aumône, poussent pour soulager, disent-ils, la vieillesse, l'infirmité, les souffrances du corps, à créer de nouveaux hôpitaux, à établir des invalides civils... ne sont-ils pas les ennemis de la famille? N'est-ce pas lui enlever petit à petit ses membres? N'est-ce pas provoquer la séparation? Tandis que des institutions de retraite ou de pension, converties en droit, parce qu'elles seraient acquises, porteraient le soulagement au milieu de la famille sans la disloquer, et ne la forceraient point à rougir de la misère, ni à se courber sous le joug de la charité.

Et ceux qui, pour épargner quelques écus, persistent à soutenir une monstruosité pareille à celle du recrutement de l'armée; l'impôt du sang qui pèse entièrement sur le pauvre, et réduit tant de familles aux plus cruelles privations, ceux-là sont-ils les amis ou les ennemis de la famille?

N'est-ce pas l'ennemi de la famille celui qui, pour satisfaire un goût passager, un désir, un caprice, abuse de sa position malheureuse pour y porter l'amertume du regret, la désunion des liens, la honte et la désolation, en y introduisant la prostitution, reste féodal du droit de jambage que les lois de l'ancien monde tolèrent, tandis qu'elles punissent rigoureusement le père au désespoir pour le larcin d'un pain, insuffisant encore à soulager les torturantes angoisses de ses enfants affamés?

Et ceux qui s'opposent à l'instruction générale et gratuite? et ceux qui

blie pas? Dans cet état, n'aura-t-on pas toujours à lutter contre cette portion privilégiée du vieux monde, dont la répulsion contre l'application de l'idée neuve égale la crainte chimérique d'être plus ou moins froissée dans son intérêt?

Et cette idée, ne restera-t-elle pas toujours à l'état de neuve tant qu'elle ne sera pas propagée? Et nos théories partielles, isolées, sans lien entre

écartent toute révision d'impôt, qui, dans son assiette actuelle, pèse plus particulièrement sur le peuple, lui crée les chagrins incessants de la misère, chagrins à la suite desquels arrive la désaffection, la désunion, la dislocation.... ceux-là ne sont-ils pas les ennemis de la famille?

Nous perdons haleine, nous n'en finirions pas de notre énumération, tant les institutions de l'ancien monde sont déloyales, corruptrices, partiales, désorganisatrices et attentatoires à la sainteté de la famille!

Les rouges! les hommes de sang!

N'est-ce pas l'homme d'ordre, l'honnête, le modéré qu'il faudrait désigner ainsi? Voyons... qui a relevé l'échafaud? le modéré.

Qui encombre les cachots sur le plus futile prétexte? le modéré.

Combien de gens, arbitrairement incarcérés, ont été relâchés à la suite d'un interrogatoire subi après deux ou trois mois de captivité!

Séquestrer un innocent! ne l'interroger, au mépris des lois, que longtemps après lui avoir ravi la liberté, ce premier des droits de l'homme, écrit dans toutes les constitutions, n'est-ce pas affreux, cruel, monstrueux? Ah! il n'y a que les honnêtes modérés qui puissent commettre froidement d'aussi atroces infamies?

Qui a voté contre l'abolition de la peine de mort? le modéré.

N'est-ce pas celui-là qui est homme de sang?

Depuis le 29 janvier jusqu'à l'étalage de ce luxe de mise en état de siége, répandu à profusion sur une grande partie de la France, qui s'est tenu à l'affût de toutes les circonstances, qui les a provoquées pour amener une collision?

Une collision! du sang! et toujours du sang!... et vous parlez d'ordre ensuite? et vous vous donnerez effrontément, dans vos journaux stipendiés, les qualifications d'*honnêtes*, *de modérés*, et vous irez en vandales saccager, détruire la propriété, porter la menace et l'effroi dans la famille pendant l'absence du chef (1)! Ah! oui, c'est vous qui êtes les hommes du sang!

Vous parlez de l'ordre, vous? mais vous ne le voulez que pour vous, vils égoïstes! Votre ordre, c'est l'impunité dans vos turpides plaisirs, le privilége et toujours le privilége pour vous et l'oppression pour autrui; aussi rien ne vous arrête pour conserver votre vieille société... votre vieux monde souillé, corrompu, taché de la tache indélébile de tout le sang que vous avez traîtreusement ou lâchement versé!

(1) Le sac des imprimeries Proux et Boulé, par la Ire légion de la garde nationale de Paris, et un bataillon de chasseurs de Vincennes ayant à leur tête un officier d'état-major, M. DE KARCY, et le capitaine VIEIRA, agent de change, qui ne se sont pas contentés de tout détruire, mais sont allés jusqu'à menacer indignement madame, mademoiselle et les enfants Proux.

elles, inefficaces, ainsi présentées, comme les remèdes extérieurs à la guérison radicale d'une maladie dartreuse, ne fourniront-elles pas constamment des armes victorieuses à l'egoïsme et au mauvais vouloir?

Le mauvais vouloir n'aura-t-il pas pour auxiliaire le ridicule, sous le poids duquel il écrasera, sans pitié, l'idée humanitaire, tant que restant incomprise, la mauvaise foi pourra, en la défigurant, la présenter comme spoliatrice, immorale, sanguinaire?

N'est-il pas de nécessité absolue d'habituer le public à la pratique? de l'initier, dès à présent, à l'organisation de l'idée amélioratrice? Ne faut-il pas qu'avant de l'admettre ou de la rejeter, il l'étudie, la discute, la commente; qu'il juge du possible ou de l'impossible, du juste ou de l'injuste, du vrai ou du faux?

Ne faut-il pas qu'il se soit rendu compte de la limite que doit atteindre l'idée pratique? du préjudice qu'il y aurait à rester en deçà ou du danger qui pourrait surgir si elle était dépassée?

N'est-ce pas la publicité qui doit perfectionner l'idée organisatrice? Ne sont-ce pas la polémique et le bon sens public qui doivent la tailler, la façonner, la modeler sur les besoins actuels? car l'idée qui, hier encore, était dans l'état d'utopie, est devenue un progrès réalisable aujourd'hui, et sera peut-être demain une nécessité absolue.

A vous aussi, messieurs les journalistes, nous faisons appel.

C'est par la presse quotidienne que l'idée amélioratrice doit atteindre son perfectionnement et réduire au silence la calomnie que vomit le mauvais vouloir : il vous sera bien facile de le confondre et de prouver à tous que chacun peut avoir sa place au soleil.

Comprenez votre mission ; nous dirons à la presse... Un peu moins de polémique irritante qui n'avance à rien, qui ne donne point un adepte, qui ne raffermit pas une opinion, et un peu plus d'économie sociale, mais de la pratique ; entrez dans cette voie ; vous conjurerez les haines politiques, et vous aiderez grandement à édifier le nouveau monde. A vous de ramener l'union et la concorde ; à vous de prouver que la République a seule le secret d'améliorer la position de l'un sans amoindrir celle de l'autre. Économistes de toutes les écoles, l'idée organisatrice est à nous ; elle n'appartient à aucun de nous en particulier, mais ensemble nous la possédons ; écartons toute question d'amour-propre ; dans un cas si grave, l'amour-propre deviendrait de la sotte vanité. Chassons toute rivalité.

Et vous, journalistes, ouvrez-nous vos colonnes : établissons une polémique entre les diverses écoles ; discutons sans orgueil, sans passion, sans personnalité d'aucune nature, avec bonhomie, mais aussi avec cette franchise droite, sévère, inflexible que réclame le sujet (1).

Critiquons-nous, approuvons-nous, éclairons-nous mutuellement ; sondons le fond de chaque idée ; disséquons-la, envisageons-la dans toutes ses conséquences ; apprécions-la à sa juste valeur, et de tant de divers systèmes informes il sortira ce tout régulier, solution de l'idée qui régénérera le monde.

Quant à nous, nous dirons franchement ce que nous pensons de telle ou telle réforme proposée,

(1) Laissez aux journaux plus ou moins monarchiques ces questions d'états généraux, d'assemblée nationale se réunissant pendant deux mois par an, ou tous les trois, ou tous les cinq ans.... Ces journaux ne comprennent point la République ; s'ils la comprenaient, ils ne l'affubleraient pas d'un habit d'arlequin fait de lambeaux de toutes les royautés.

toutes les fois que le besoin du sujet le comportera; nous le dirons sans désir de critiquer ni de nuire, seulement dans le but d'arriver plus tôt au perfectionnement de l'idée.

Nous donnons notre système pour ce qu'il vaut; heureux si nos idées en provoquent d'autres qui atteignent le point où nous visons; plus heureux encore si, dans le nombre, quelques-unes sont jugées propres à être appliquées.

QUELQUES OBSERVATIONS

SUR DIVERS PRINCIPES.

Le premier cri de réforme sociale qui suivit la chute de la monarchie de Juillet fut : DROIT AU TRAVAIL. Une appellation aussi philanthropique ne resta pas sans écho ; elle retentit dans toute la France, vibra dans les cœurs généreux, et bien des personnes se mirent à l'œuvre pour chercher la solution d'une question aussi ardente, aussi palpitante d'intérêt général !

Pas un ne l'a résolue. — Nous ne craignons pas d'être taxés de présomption en prenant le ton positif, — car elle est insoluble dans son essence.

Comme principe, l'organisation du travail est et restera toujours irréalisable dans un état libre. Elle ne peut être traitée comme fait, comme point renfermant son germe de développement qu'avec la communauté, et nous doutons que la communauté offre jamais assez de charmes pour *s'inféoder* l'esprit d'un peuple libre.

C'est donc en dehors de la communauté que nous effleurons quelques points de cette question.

L'organisation du travail est loin de pouvoir être le fait direct d'une réforme sociale plus ou moins large, pas plus qu'elle n'est la conséquence d'une cause quelconque; car elle ne peut naître que du résultat de plusieurs causes se combinant ensemble; elle ne peut donc être que la conséquence d'une réunion de conséquences ayant corrélation entre elles.

Droit au travail! question morale, humanitaire! mais d'une solution si complexe, qu'on ne peut pas la donner, même en petite monnaie.

Cependant tous les écrivains que nous avons lus, ou presque tous, guidés sans doute par la bonté de leur cœur, et pressés de doter la société du bien-être qui pouvait jaillir de l'application de leurs idées, ont cru le principe dans la question elle-même et l'ont traitée dans son essence.

En cela nous sommes d'autant plus autorisés à penser qu'ils n'avaient pas assez étudié le sujet avant de le développer, que tous ou presque tous, suivant l'inspiration du moment, n'ont écrit que sous le point de vue de l'ouvrier des villes, qu'ils avaient sous les yeux, laissant en dehors le travailleur de la campagne (1).

Quelques-uns lui ont donné pour corrélatif l'égalité du salaire; tous l'ont fait découler directement du pouvoir exécutif de la République (2).

L'introduction seule d'améliorations diverses dans l'économie sociale se combinant, peut amener du travail pour tous, mais sans organisation propre ou directe et générale; différemment ce serait créer une source intarissable de froissements, de priviléges, d'injustices, de spoliations, d'arbitraires, de corruption (3), etc. Ce serait créer une

(1) Nous sommes d'autant plus autorisés à le croire ainsi que le temps n'a rien changé au principe, ni même ne l'a modifié; pas un n'a écrit encore ni pour le campagnard, ni au point de vue des rapports entre les deux productions, l'agricole et l'industrielle.

(2) Le cadre d'une brochure se refusant au développement de notre thèse, nous nous renfermons dans quelques indications seulement.

(3) Ce serait ramener l'esclavage de la féodalité dans une période donnée.

monstruosité subversive de tout ordre social, sans atteindre le but proposé; elle serait contraire à tout principe d'économie financière de l'Etat dont elle absorberait les ressources, s'élèveraient-elles annuellement à de nombreux milliards. Elle détruirait la sécurité agricole, industrielle, commerciale, par la facilité avec laquelle se formeraient les coalitions pour l'augmentation des salaires, et elle amènerait bientôt la ruine de l'agriculture, de l'industrie, du commerce, non pas seulement par l'exclusion, dans les comptoirs étrangers, de nos produits, mais principalement par l'état d'incertitude dans lequel la crainte de manquer de bras aux moments convenables les plongerait. Elle serait décourageante pour les arts, les sciences, les lettres; en effet, comment établir les catégories, la valeur des produits, etc., etc.? oppressante pour la liberté, l'égalité, la fraternité; injuste, ruineuse, abrutissante pour la nation; jetant la perturbation de tous côtés; arrivant bientôt à enrayer le char de l'État, qu'elle précipiterait, dans un court espace de temps, au fond d'un abîme.

Le premier pas proposé dans l'organisation du travail est l'association.

Elle doit être générale entre tous les ouvriers du même état répandus sur le sol de la France, selon les uns; partielle, selon d'autres.

Avec ou sans égalité de salaire.

Commanditée ou non par l'État (1).

Nous le demandons à l'homme le moins logique:

Serait-il équitable que le produit des contributions diverses, et notamment de la patente, que paient les industriels, fût destiné à subventionner

(1) Le manque d'espace nous oblige à ne faire encore que quelques observations générales, et nous prive ainsi de traiter distinctivement chacune des phases de l'association.

ceux qui demain viendraient leur créer une concurrence, sous le patronage de l'État?

Serait-il équitable que, tandis que le travailleur qui, à force de labeur, d'économie, de privations peut-être, est arrivé à former un établissement, industriel ou commercial, mais qui, peu avancé, est contraint à chaque échéance de perdre du temps pour se procurer les fonds; serait-il équitable que ses concurrents, commandités par l'État, eussent l'avantage sur lui de n'avoir qu'à frapper au Trésor, sans perte aucune de travail?

Serait-il équitable que celui-là dût payer des intérêts plus ou moins usuraires, selon le crédit qu'il aurait, lorsque les commandités ne paieraient qu'un minime intérêt, etc.?

On nous répondra : L'association étant générale, l'État fournirait à tous indistinctement.

Et où l'État prendrait-il les fonds?

S'est-on rendu compte de ce que le commerce et l'industrie possèdent en marchandises fabriquées, matières premières, machines, outillages, achalandages, etc.? Sait-on que ces valeurs s'élèvent à près de trente milliards?...

Où l'État prendrait-il cette somme? Il la lui faudrait cependant, car du moment qu'il ferait des avances aux uns, il devrait en faire aux autres, sans distinction aucune.

Le droit au travail étant un droit absolu, l'association, — conséquence du droit au travail, — devient un droit absolu aussi; dès lors il n'y a plus de limites, et l'État devrait indistinctement commanditer l'homme établi, propriétaire, industriel, commerçant, etc., de même que l'ouvrier, le commis industriel, commerçant, marchand, etc.; le clerc de notaire, d'avoué, d'huissier; le garçon d'hôtel, de restaurant, de bains, etc.; le garçon de ferme, de charrue, maraîcher, etc. ; le vigneron ; la lingère, la modiste ; enfin, généralement tous ceux qui voudraient s'établir.

Plaçons-nous dans l'hypothèse où l'État pourrait subvenir à toutes les avances, ce qui est matériellement impossible.

Il arriverait : dans l'association générale l'extinction de la concurrence, avec elle celle de l'émulation.

Sans émulation, tout languit, tout dépérit, tout s'éteint.

Nos produits, si beaux, si remarquables, qui font notre gloire et notre orgueil, ne dégénéreraient-ils pas de jour en jour, en même temps que leur prix en serait élevé à un taux fabuleux, qui non-seulement excluerait toute exportation, mais qui encore équivaudrait presque à une prohibition en France même?

On pourra nous répondre que, les prix étant relatifs entre toutes les diverses productions, l'augmentation n'équivaudrait point à une prohibition.

C'est possible pour quelques objets, pour les plus abondants ; mais pour les autres? non. Il faudrait alors s'en priver, car ceux qui seraient dans cette industrie, trouvant moins de travail et le même profit à vendre cher, tiendraient leurs prix toujours très-élevés, et l'association deviendrait une source de privations (1).

Elle jetterait la perturbation dans l'économie sociale ; car il ne manquerait pas d'arriver que ceux entrant dans la carrière du travail choisiraient l'état qui leur offrirait le plus de repos ; et de période en période, tantôt l'un, tantôt l'autre état, manquerait ou posséderait trop de bras.

(1) Bientôt les produits alimentaires seraient à un prix énorme, qui ruinerait entièrement les villes dans une très-courte période, si l'association générale possible, celle du travailleur agricole, se formait.

Voyons, dans l'hypothèse de l'association partielle.

A la fin de l'année un atelier, un magasin n'auront pas réussi; sur qui retombera la perte? sur l'État. Il devra prendre, pour couvrir ce déficit, sur les ateliers, les magasins qui auront réussi. Et comment parviendra-t-il à les faire contribuer dans une juste proportion, eu égard à la prospérité des autres établissements?

Ce sera bien difficile; impossible, peut-être? dès lors l'équité disparaît.

Admettons que cette répartition se fasse exactement... Les pertes seront réparées, les déficits comblés. Les déchus sont relevés.

En seront-ils l'année suivante plus laborieux, plus rangés, plus économes, plus capables, s'ils ont perdu par fainéantise, désordre, prodigalité ou incapacité? C'est possible, mais cela arrivera rarement.

Et les associés des ateliers ou boutiques, rangés, économes, laborieux, s'il en existe, qui se verront tous les ans privés du fruit de leur épargne, amassée à force d'économie, de travail, de privations peut-être, consentiront-ils à le voir passer en d'autres mains? Ceux-là ne voudront-ils pas, eux aussi, se reposer et jouir, à l'exemple des autres? surtout si la solidarité est cause qu'ils ne sont pas plus avancés à la fin de l'année que ceux qui ont joui et se sont livrés aux douceurs du *far-niente!*

Qu'arrivera-t-il alors? que la famine remplacerait la disette.

Mais, nous dira-t-on, nous voulons l'association sans commandite par l'État (1).

(1) Nous sommes grands partisans de l'association, non comme elle est présentée, mais par la participation de chacun dans les profits et per-

Dans ce cas, rien ne s'y oppose, chacun est libre aujourd'hui de s'associer, et alors vous ne changez rien au système actuel, si ce n'est que vous lui faites faire un pas rétrograde.

Vous multipliez les établissements et la concurrence; chacun vendra moins et à meilleur marché; vous diminuerez et vous diviserez tant les bénéfices qu'il n'en restera pour personne, si ce n'est pour les propriétaires du sol, des magasins, des usines, pour le capitaliste enfin, dont vous augmentez les revenus, en provoquant une ascension dans le prix des loyers, et vous aiderez ainsi à grossir les fortunes particulières qui, dépassant un certain chiffre, deviennent un fléau pour la société.

Généralement les associations nombreuses réussissent mal; peu de sociétés entre trois personnes et plus ont duré longtemps; cela tient à la nature humaine. Et vous voulez, lorsque l'expérience vous démontre chaque jour les résultats des associations de plus de trois personnes, en créer, composées d'un chiffre illimité, sans refaire préalablement la nature humaine?

Et l'adepte qui entrera dans la carrière du travail, comment le classera-t-on?

Dans l'association générale, ça se conçoit; mais dans l'association partielle? lorsque le caprice, l'entêtement, le mauvais vouloir de quelqu'un s'opposera à son admission.

Le laissera-t-on sans travail?

Refusera-t-on des secours à ceux qui n'auront pas réussi, qu'elles qu'en soient les causes, ou selon les cas seulement?

C'est s'exposer à commettre des injustices dans l'appréciation; c'est mettre les refusés en dehors

tes. Voir la seconde partie, pour l'organisation de la boutique et de l'atelier, dans leurs rapports de participation.

d'un droit absolu, et les contraindre à venir en qualité d'ouvriers travailler chez d'autres ouvriers que l'État aurait établis pour leur compte.

Alors ce ne serait plus détruire le mal existant, ce serait l'aggraver au contraire ; car on exciterait jusqu'à la haine cet esprit d'antagonisme qui existe maintenant entre l'ouvrier et le maître, et outre que l'on provoquerait cette haine de l'ouvrier contre l'ouvrier favorisé, on créerait à la République de nombreux ennemis.

Le droit au travail s'exercerait de particulier à l'État, ou de particulier à particulier.

De particulier à l'État; outre que l'État manquerait de fonds pour commanditer les associations, il ne pourrait en faveur des non associés se faire lui-même agriculteur, commerçant, industriel, etc., et banquier vis-à-vis de tous ; et s'exposer à avoir sans cesse la faillite suspendue sur sa tête, comme l'épée de Damoclès.

Ce serait une cohue, une perturbation affreuse. De particulier à particulier ; quelle désordre ! quelle confusion ! quel chaos ! Ce serait une subversion générale.

Guidés par l'idée humanitaire, les uns ont dépassé le possible dans les moyens d'améliorer la position morale et matérielle de la nation, en proposant comme principe le droit au travail, dont la première conséquence les a amenés à l'association.

Guidés par l'idée égoïste, les autres, ceux qui craignent que chaque joie du peuple ne leur enlève un plaisir, que chaque larme tarie n'amoindrisse l'une de leurs innombrables jouissances ; les autres, soit par crainte, car leur cœur ne les inspire pas; soit pour affaiblir, par l'avilissement, ce peuple qu'ils méprisent; soit pour capter sa reconnaissance en lui jetant le biscuit moisi de la traite que l'esclave ramollit de ses larmes; les autres se leurrent en proposant le droit à l'assistance.

Droit au travail! ce principe a produit deux conséquences : l'une généreuse, loyale, grande, humanitaire, se traduisant par l'association; l'autre vaniteuse, méprisante, peureuse, tyrannique, égoïste, se traduisant par l'assistance.

L'une et l'autre sont absolues.

Aussi l'une et l'autre ne peuvent s'introduire, il y a impossibilité, c'est courir après une chimère.

Nous avons succinctement indiqué quelques-unes des nombreuses incohérences de l'association. Disons un mot sur le droit à l'assistance.

Vous voulez éviter les vraies améliorations socialistes, messieurs les rétrogrades? Vous voulez repousser toutes les lois qui leur ouvriraient les portes, craignant y perdre sans doute? Détrompez-vous.

Etudiez les besoins des masses, les ressources du pays, dérobez quelques instants à vos plaisirs, faites taire pour un moment cette voix qui vous répète sans cesse du fond de vos entrailles : Moi, Moi! Agissez loyalement, franchement, vous vous convaincrez qu'on peut faire beaucoup de bien... tout le bien nécessaire au soulagement de la classe souffrante, sans porter atteinte à aucun droit, sans porter préjudice à la classe privilégiée... Etudiez les moyens d'améliorer, et la peur ne vous amènera plus à vous fourvoyer, comme vous venez de le faire, en voulant édifier votre loi sur l'assistance publique; loi dont, et vous ne vous en doutez point, différemment ce serait infâme! les conséquences sont des mitraillades dans la rue!

L'assistance publique amènera le droit au travail; vous, pas plus que d'autres, ne pourrez le donner; dès lors, et ce sera cet hiver peut-être, aux cris déchirants — arrachés par les angoisses de la faim, — se joindront la plainte et une amère déception ; car vous aurez promis ; votre loi, — témoin irrécusable, — sera là pour faire foi, comme la Constitution de la République !

A peine promulguée, vous serez contraints d'étouffer votre loi ; le peuple crédule, parce qu'il ne ment point ; confiant dans les traités, parce qu'il a de l'honneur ; réclamera... il aura raison, ce sera son droit qu'il réclamera ; son droit, que vous lui aurez octroyé !... que vous lui aurez octroyé *de vous-même*,... et vous le mitraillerez !... vous rétablirez l'ordre !

Choisissons une année abondante ; n'attristons pas le tableau par le choix d'une année désastreuse. Sur près de trente-six millions d'habitants, la France compte plus de dix-sept millions de nécessiteux. Admettons qu'il ne vous en coûte, cette année-là, que 20 francs pour chacun, l'un portant l'autre ; 20 francs pour les sept mois d'hiver ! Moins de 3 francs par mois ; pas même 10 centimes par jour. Ce n'est rien ; et ce rien s'élèvera à 340 millions.

Où prendrez-vous cette somme ? Dans les ressources financières des Thiers, des Passy, des Lacave-Laplagne et de tous vos autres financiers d'égale force ? Vous voilà déjà arrêtés !

Et que sera-ce quand moi, commis, privé d'emploi par la stagnation des affaires ; lui, père de famille, ruiné dans son commerce par votre politique d'arrière-pensée, et tant d'autres qui savions souffrir en silence... nous coucher sans souper, pour que, partageant un morceau de pain bis entre nos enfants, ils en eussent davantage... que sera-ce quand, en vertu d'un droit que vous aurez vous-même consacré, nous viendrons vous demander de nous assister ?

— Je ne puis pas.
— C'est mon droit.
— Les fonds sont épuisés.
— Cherchez-en.
— Travaillez.
— Donnez-moi du travail. »

Comment vous tirerez-vous de là ?

Et néanmoins, votre loi pourrait être un bienfait, si elle avait été inspirée par une idée franche, loyale, généreuse, humanitaire ! si elle était venue la première dans le but d'introduire toutes celles que les besoins de la société appellent. Mais non ; en fait de lois humanitaires qui peuvent sortir de votre cerveau, elle est et restera fille unique ; et encore rachitique, acariâtre, monstrueuse !

LE PRET GRATUIT.

Sur ce point encore, nous pensons qu'à force de la travailler on a creusé l'idée.

L'usure est la plus grande plaie de la société, on s'est dit.

Faisons disparaître cette hideuse plaie ; abolissons l'usure !

Mais comment l'abolir, puisque la loi est elle-même impuissante à la réprimer ?

Serait-ce parce qu'elle est mal exécutée, comme toutes les lois qui atteignent plus particulièrement la fortune ou les positions élevées ?

C'est bien cela, mais il y a aussi tant de moyens de déguiser l'usure, qu'il faudrait une bien grande surveillance pour la conjurer.

Voyons, cherchons-les.

Cette recherche était laborieuse. Emportés par le désir d'améliorer, impatients d'introduire des réformes utiles, d'arriver aux solutions, on a fini par couper court ; comme ferait celui qui, pour éviter les douleurs causées par un cor, amputerait le doigt sur lequel il est fixé?

Si nous supprimions l'intérêt? s'est-on dit.

Mais l'argent est une valeur. Cela est vrai, mais cette valeur est improductive; ce qui ne produit point ne doit pas rapporter, or l'argent ne produit point, donc il ne doit pas rapporter. C'est par erreur, sans doute, qu'on lui a attribué un intérêt, il faut le supprimer.

Cette pensée une fois conçue, tournée et retournée dans tous les sens, a frappé à la porte du sophisme; il a ouvert; on a mis un pied chez lui, sans intention; préoccupé qu'on était, et pendant qu'on se faisait cette question : Est-il profitable de supprimer l'intérêt?

Le sophisme a répondu oui, et à preuve, ouvrez l'histoire, consultez-la; elle vous dira : A telle époque l'intérêt a été établi; à telle autre supprimé; à telle autre et à telle autre modifié... Et le sophisme cache le feuillet qui apprendrait que l'introduction de l'intérêt a toujours été un progrès amené par la nécessité; que malheureusement l'incurie des uns, la rapacité des autres, la nécessité l'ont entouré d'abus qu'il faut extirper sans aller au delà; que, dans son introduction, il fut offert comme appât ou prime aux détenteurs, pour les engager à laisser leurs fonds dans la circulation au lieu de les enfouir; que cette mesure fut prise parce que d'année en année, le numéraire devenant plus rare, les transactions n'avaient plus lieu.

Que si le moyen transactif n'entre relativement que pour bien peu de chose dans ce qui constitue la richesse d'une nation, il est le pivot du bien-être général; que ce bien-être s'élargit ou se restreint selon que les moyens transactifs circulent plus ou moins; que l'intérêt seul, l'appât d'un bénéfice, le livre à la circulation.

Que la sollicitude d'un gouvernement paternel doit se porter à augmenter le plus possible le chiffre du moyen transactif; qu'il soit métallique ou autre, afin de prévenir son accaparement; pour que son retrait de la circulation ne puisse être que partiel et jamais sensible au point d'amener des crises financières, subversives des positions particulières, destructives du bien-être général, ruineuses pour la nation.

Qu'il faut fixer le taux de l'intérêt relativement au revenu des terres; que le tolérer plus élevé, c'est détruire l'harmonie qui doit exister entre le capital productif et le moyen transactif, livrer la production à la merci de la transaction, et créer tous les vices qui rongent une société corrompue.

Que lui fixer un taux plus bas, c'est porter le moyen transactif à disparaître de la circulation, à s'accumuler dans les coffres, en attendant d'atteindre la propriété à laquelle il visera sans cesse; dès lors, c'est exposer le commerce et l'industrie à languir, dépérir, s'éteindre; c'est élever la propriété à un prix fabuleux; c'est anéantir le bien-être; c'est multiplier les privations et la misère générale en opposition avec le chiffre fictif de la propriété foncière, dans laquelle consisterait toute la richesse publique; c'est nous ramener à dix siècles en arrière. Nous regrettons de manquer d'espace pour développer convenablement ces questions...

Nous terminerons par ce mot : La gratuité du prêt amènerait *la liberté, le bien-être, la civilisation des Bédouins.*

PREMIÈRE PARTIE.

LE PRÉSENT.

TITRE Ier. — CAUSES GÉNÉRALES DU MALAISE ACTUEL DE LA SOCIÉTÉ.

CHAPITRE Ier.

Causes du malaise.

Ainsi que nous l'avons dit, notre but est de faire de la pratique organisatrice, de nous occuper le moins possible des causes du mal existant et beaucoup des moyens réparateurs.

Les causes générales du malaise ont d'ailleurs été si souvent et par un si grand nombre d'écrivains traitées sur toutes leurs faces que nous craindrions d'ennuyer par des répétitions, qui n'apprennent rien de neuf, s'il entrait dans le plan de notre brochure de décrire les vices sociaux.

Néanmoins nous en indiquerons quelques-uns qui, nous le croyons, n'ont pas été décrits; nous signalerons aussi ceux indispensables à légitimer les réformes que nous réclamons.

Toutes ces causes se résument, selon nous, dans une seule : LE DÉPLACEMENT DES BRAS.

Parvenir à laisser UNE PLACE A CHACUN ET CHACUN A SA PLACE, est la grande question socialiste.

LE TROPPLEIN DES VILLES NUIT A ELLES-MÊMES ET AUX CAMPAGNES.

Empêcher la désertion du village pour la cité par des institutions économiques sociales, sans froisser la liberté, l'égalité, la fraternité ; établir le fonctionnement de ces institutions sans engager les revenus ordinaires de l'État, ni l'amener à en créer d'extraordinaires qui soient une charge pour le contribuable ; donner, au contraire, tous les ans, à l'État des profits et le maniement progressif de plusieurs centaines de millions; arriver à dépasser un milliard de revenu net; tel est le problème que nous nous proposons de résoudre.

Parvenir à notre but, en froissant le moins possible l'intérêt privé, telle a été notre sollicitude.

Réédifier sans détruire; modifier l'organisme social, sans heurter les habitudes reçues; améliorer la position de l'un sans amoindrir celle de l'autre; substituer le mérite au favoritisme, les droits acquis à l'arbitraire, la morale à l'intrigue; préconiser le dévouement, l'honneur, les vertus; flétrir l'égoïsme, la corruption, les vices! Tel a été notre point de mire; l'avons-nous atteint? plus apte que nous, le public jugera.

CHAPITRE II.

Causes amenant le déplacement des bras.

Les principales causes amenant le déplacement des bras sont :

1° L'état de délaissement dans lequel est plongée l'agriculture ;

2° Les procès et l'organisation judiciaire ;

3° L'impôt toujours fiscal au lieu d'être paternel et prévoyant ;

4° La vicieuse exécution des travaux publics par l'État ;

5° La pernicieuse influence qu'exerce le pouvoir sur les autorités et les administrations municipales ;

6° L'état de distinction introduit dans la société actuelle, donnant à l'homme une importance relative à celle de l'or qu'il possède.

Nous allons effleurer succinctement ces points vicieux (1).

CHAPITRE III.

Délaissement de l'agriculture ; causes qui l'étreignent.

Depuis quelques années seulement l'instruction

(1) Nous le répétons pour la dernière fois, notre but est de donner l'organisme pratique de l'idée réformatrice. Or, l'espace nous manquerait pour l'atteindre si nous développions les causes qui rendent les réformes si urgentes et si indispensables. Nous nous bornerons strictement à n'indiquer que les vices organiques actuels légitimant nos propositions améliloratrices, ou aidant à mieux en faire comprendre la portée et les effets.

a porté un regard, timide encore, sur l'agriculture, cette mère de tous, qui réclame des institutions et des encouragements sans nombre; aussi, malgré les quelques efforts, clairsemés, tels que ceux de Dombasle et autres agronomes, elle est, à peu de chose près, à l'état encore complet de routine, et cependant le premier besoin de l'homme est l'alimentation.

Pourquoi cette indifférence pour l'art qui nourrit? si ce n'est par l'état d'avilissement, malgré son émancipation de 1789, dans lequel tous les gouvernements ont tenu l'industriel du sol?

En effet, quel monarque a-t-il jamais cherché à relever par quelques centimètres de ruban la boutonnière du paysan distingué dans ses connaissances, dans son aptitude agricole, tandis qu'on l'a prodigué ce ruban sur tant de poitrines qui couvrent un cœur de fange?

Mais le paysan est trop éloigné de la cour... les regards du monarque ne vont pas si loin, ils s'arrêtent aux antichambres, et la faveur absorbe tant, qu'il ne reste plus rien ni pour le mérite, ni pour les vrais services. A peine par-ci, par-là, recueillent-ils quelques bribes. A peine si l'étoile de l'honneur arrive jusqu'au soldat, et cependant, avec les institutions du vieuxmonde, c'est le soldat qui fait la force du trône.

Elle y arrive très-parcimonieusement, il est vrai, mais elle y arrive; tandis que le paysan, lui... en quoi sert-il le monarque? en quoi est-il à redouter?

S'il y a pénurie, disette, c'est le paysan qui le premier en souffre et jamais les hauts placés, le monarque surtout, jamais!

S'il se révolte, on le fait rentrer dans l'ordre (1); une brigade de gendarmerie suffit pour cela.

(1) L'ordre, pour les haut placés, c'est de n'être jamais troublés dans leurs plaisirs, leurs orgies même, d'y faire contribuer les autres, s'il leur

Malheureuse société que celle où les distinctions sont prodiguées à la faveur, arrachées par la crainte, et laissent le mérite dans l'oubli ; où l'oubli et l'ingratitude sont à l'ordre du jour, dès qu'on peut être impunément oublieux et ingrat!

Tel est l'état d'abandon dans lequel languit l'agriculture, et cependant c'est elle qui supporte presque entièrement l'énormité des charges du budget, qui paie tous les ans plus d'un milliard d'intérêts aux capitalistes, à cause de l'infimité des moyens transactifs que possède la nation, si peu en harmonie avec ses besoins.

A cause du culte de l'or, ce roi du vieux monde, combien de millions ne paie-t-elle pas de plus qu'elle ne paierait (1)?

Que de millions lui coûte la vicieuse organisation hypothécaire!

Méprisée par le pouvoir qui la pressure, par la finance qui la trait, par l'homme de plume qui la

convient.... Ils sont repus, ils sont satisfaits ; peu importe que d'autres souffrent.

La faim vous étreint ; demandez-leur du pain. Ils vous en donneront s'ils veulent ; ils vous en refuseront s'il leur plaît, et leur ordre, à eux, veut que vous mouriez de faim. Contrariez-les dans leurs plaisirs ; empêchez-les de corrompre votre fille, de séduire votre femme ; vous troublez l'ordre, vous êtes l'ennemi de l'ordre : votre fille devait se laisser corrompre, votre femme se laisser séduire. Refusez le fisc, pour empêcher vos enfants de se coucher à jeun ; vous troublez l'ordre, vous êtes les ennemis de l'ordre : vos enfants devaient se coucher à jeun, dussent-ils pleurer et gémir toute la nuit.

(1) Du souverain au peuple, la distance est immense pour les monarchiques ; les échelons sociaux avaient disparu avec la royauté absolue. Napoléon, né de la république, mais aristocrate autant que Charles X, ne devait pas s'exposer à tomber du trône qu'il avait usurpé en rétablissant les échelons sociaux ; cependant il lui fallait un intermédiaire entre sa main royale et la main calleuse du peuple, entre la pourpre du trône et la misère du travailleur. Il était monarque, il lui fallait un intermédiaire ; rien ne l'arrêta. Il rappela la noblesse ; il la câlina ; mais la noblesse ne voulut que partiellement de lui.

Sur son front était écrit en lettres de sang : FOSSÉS DE VINCENNES. Pour combler le vide, il créa l'aristocratie du sabre. La Restauration trouva ses échelons sociaux tout faits ; seulement, elle refoula aussi bas que possible la noblesse de la gloire, s'entourant particulièrement de la féodale, sans rechercher si les ancêtres avaient rendu des services de champ de

suce, l'agriculture lutte en vain contre ces impitoyables ennemis ; lesquels, tôt ou tard, finiraient par l'écraser, si la voix publique ne lui venait en aide et n'amenait promptement les réformes qui peuvent seules la sauver.

Elle lutte contre l'organisation judiciaire actuelle, qui lui coûte des sommes immenses, qu'engouffrent le timbre, l'enregistrement, le greffe, l'avocat, l'avoué, son clerc, l'huissier, ses recors, la colonne d'annonces judiciaires, les placards et l'afficheur, ces mille sangsues qui la saignent à toutes les veines.

Et les nombreuses journées de travail perdues pour venir à la ville ? Aujourd'hui, l'homme de loi réclame des avances de frais, demain il demandera

bataille ou d'alcove, de cabinet ou d'antichambre, s'ils avaient figuré parmi les mignons ou parmi les bâtards.

En 1830, la noblesse de race boudait; elle réclamait avec d'autant plus d'instance la légitimité qu'elle est issue, en partie, de l'illégitimité. La noblesse de sabre voyait ses rangs bien éclaircis.

Cependant il fallait un intermédiaire au monarque; il était impatient de changer le riflard pour le sceptre.

La noblesse de race ne voulait point de lui; celle du sabre était insuffisante. L'augmenter en faisant la guerre, cela ne se pouvait pas; des mirmidons relever le bouclier d'Achille, c'était plus qu'impossible : cela devenait ridicule... Faire un marquis de M. Thiers ! ses talons touchaient encore l'épaule du peuple... Des ducs de MM. Dupin et consorts ! impossible... Les Molé et autres, les chats du trône, ceux qui restent à la maison pour la maison s'y seraient opposés... On se tourna et retourna de tous côtés, et la noblesse d'argent fut créée... La noblesse d'argent !... la corruption entrant par toutes les frontières avec affranchissement de droits de douane.

Dès ce moment, le culte de l'or n'a plus eu de frein; pudeur, pitié, honneur, amitié, parenté, humanité, vertu, tout s'est effacé devant le nouveau culte... le culte de l'or !... mot repoussant à prononcer, qu'on a traduit ainsi : *Je suis positif.*

Un frère spolie un frère : *Je suis positif.* Un créancier fait vendre le coucher de la veuve ou de l'orphelin : *Je suis positif.* Un argentier prête à usure : *Je suis positif.* Un propriétaire augmente son bail outre mesure : *Je suis positif.*

C'est ainsi que nous sommes arrivés à porter le taux de fermage des terres à un prix si élevé que le fermier, travaillant d'un crépuscule à l'autre, et quelquefois même dans la nuit, sans y comprendre les soins d'avant et d'après le jour qu'il donne à ses étables et écuries, est souvent obligé de mettre la clé sous la porte après avoir éprouvé mille privations, et d'abandonner l'agriculture pour demander à la ville le pain qu'elle lui refuse, tandis qu'il a versé des pleines mains d'or à l'*homme positif*, à l'aristocrate d'argent.

des honoraires ; après-demain, l'on vient pour le jugement, la cause est renvoyée, il faut retourner, et le paysan qui plaide passe une partie de l'année sur les routes, ou à vider ses poches dans celles de l'homme de loi ou dans les coffres du fisc.

Et les déplacements occasionnés par l'emprunt? Que d'allées et venues !... Le prêteur, lui, ne se dérange pas, il prend ses aises ; peu lui importe de vous faire déplacer.

Elle lutte encore contre les maladies, dont, ainsi que nous l'indiquerons, il serait facile de paralyser les funestes effets ; elle lutte contre les frais d'inhumation, la plus monstrueuse des fiscalités religieuses.

Et contre les fléaux destructeurs : les incendies, les brumes, les gelées, les sécheresses, les inondations, les épizooties, ne lutte-t-elle pas toujours corps à corps? étreinte qu'elle est : en hiver, par les inondations et les gelées ; au printemps, par les gelées et les brumes ; en été, par les brumes, la grêle, les sécheresses ; en automne, par les inondations ; toute l'année, par les incendies et les épizooties.

Ne faudrait-il pas qu'une assurance réparatrice, se combinant avec l'impôt, comblât les désastres que ces fléaux amènent?

C'est ainsi que, sucée par tant de vampires ou ruinée par les éléments, l'agriculture n'a que des privations à donner à ses enfants en retour du rude labeur qu'elle exige d'eux. Et les enfants abandonnent leur mère... Ils viennent à la ville augmenter la concurrence des bras au détriment de la production alimentaire.

Aussi, combien de millions d'estomacs ressentent chaque jour les crispations de la faim !

Terminons ces quelques indications par un regard sur les divers produits de la société.

Arrivés à la fin de l'année, nous avons été tous plus ou moins bien logés, meublés, chauffés, habillés, nourris.

Plusieurs sont morts de faim !

Aucun n'est mort de froid, si ce n'est par cas accidentel.

Aucun n'est mort faute de logement, de meubles ou d'habillements ; il y a toujours des logements prêts à recevoir des locataires. A la fin de l'année, les magasins sont pleins de meubles et de marchandises tissées, les chantiers garnis de bois et de charbon, les seuls greniers sont vides, et cependant des millions d'habitants n'ont mangé que tout juste pour ne pas mourir d'inanition, et des centaines sont morts de faim.

Cela ne prouve-t-il pas que l'ancien monde s'est mépris dans son économie sociale ? cela ne prouve-t-il pas qu'il faut porter sur l'agriculture toute la sollicitude qu'elle réclame ? sollicitude immense, si elle est relative ; car elle nous donne, outre l'alimentation, les laines et les soies qui servent à nos habillements ; les lins et les chanvres qui font notre linge de corps ; les peaux et les cuirs de nos chaussures ; les huiles, les suifs, les cires qui nous éclairent ; les bois qui servent à faire nos maisons, nos meubles, etc. N'attendons pas davantage, ne remettons pas à demain ; réformons les institutions du vieux monde, extirpons ses vices, dégageons l'agriculture de toutes les causes de compression qui l'étreignent ; et, libre dans son essor, nous la verrons bientôt verser à pleines mains ses abondants produits, et rendre, au centuple, à la société, ce qu'elle aura fait pour elle : La terre n'est pas ingrate.

CHRPITRE IV.

Des procès.

Après le délaissement de l'agriculture, l'organisation actuelle de la magistrature est, sans contredit, la cause qui provoque le plus grand nombre de déplacements de bras, et l'une des principales parmi toutes celles qui nuisent le plus à l'agriculture (1).

En général, plus l'homme est ignorant, plus il est processif.

A tort ou à raison, un paysan se plaint d'un dommage ; il vient à la ville, s'adresse à un avocat ou avoué qui reçoit de lui de quoi subvenir aux premiers frais de la procédure (2).

Le procès commencé, il faut de l'argent ; il en faut pour tant de choses... Les ressources du paysan sont petites, bientôt elles s'épuisent... Il a une grande confiance dans son conseil, on lui a donné de belles espérances ; il voit son procès gagné et les avances faites rentrer dans sa poche avec dommages-intérêts.

L'affaire ne se juge pas encore ; on élève incidents sur incidents ; il faut les plaider ; on ne peut pas se laisser condamner par défaut... Il faut de l'argent encore ; on emprunte à ses amis, à ses connaissances, on souscrit des obligations ; on se

(1) Nous serons obligés de nous répéter : il y a tant de corrélation entre les sujets que nous avons à traiter qu'il arrivera souvent que celui qui sera cause dans un chapitre deviendra conséquence dans un autre et *vice versa*.

(2) De même que l'enfance, l'ignorance est entêtée ; l'une et l'autre, à la moindre contrariété, recherchent un appui, l'enfance dans la force, l'ignorance auprès de celui qu'elle croit instruit. De là la grande confiance qu'ont les paysans dans les prêtres, les médecins, les hommes de loi.

prive de bien de choses, l'on vent ses denrées à moindre prix... On porte de l'argent à monsieur l'avocat (1), de l'argent et toujours de l'argent; on ne travaille guère, on est toujours par voie et par chemins, du village à la ville, de la ville au village; on dépense dans les auberges, on dépense partout...

On a vendu un porc, provision de l'année; un cheval ou un âne, indispensables à l'exploitation du bien, des vaches ou des chèvres, dont le lait était une ressource, un pécule de chaque jour; les engrais manqueront... Voilà le plaideur arriéré pour bien des années...heureux s'il peut se relever! d'autant plus qu'il sera privé de ses aides, son cheval, ses vaches. Le voilà accablé, travaillant sans relâche, souffrant dans son alimentation, dans son moral, des souffrances que les privations causent à sa famille; la haine dans le cœur contre son adversaire, qui le lui rend bien; voilà deux ennemis.

On recourt à l'appel; il y a, dit-on, des avocats qui dissuadent d'aller jusque-là; mais, je ne sache point qu'il y en ait qui disent: *Je m'étais trompé, j'avais mal compris votre affaire; je l'ai mal plaidée, je ne l'avais pas assez étudiée.*

Bref, on en appelle; nouveaux frais, nouveaux déplacements plus prolongés et plus coûteux, nouvelles dépenses d'auberge; on emprunte sur hypothèque. L'acte stipule 5 pour 100 d'intérêt, mais on a déjà dépensé tout autant en déplacements, perte de temps pour se procurer un prêteur; on a eu recours à un courtier, il prend 2 pour 100; les honoraires du notaire, l'enregistrement, le droit d'inscription, le timbre, la grosse, l'étrenne au clerc; on doit une forte somme et l'on n'en a reçu qu'une petite.

(1) C'est ainsi que les gens de la campagne désignent ordinairement leur conseil.

Les haines s'amoncèlent dans les cœurs ; enfin, deux, trois, quatre ou cinq ans après, la Cour d'appel prononce, l'expropriation survient ; l'un des plaideurs est ruiné, dépossédé, et l'autre arriéré pour le reste de ses jours, s'il n'est aussi dans la détresse. Honteux de sa nouvelle position, persécuté quelquefois par les créanciers du village, ses amis qu'il n'a pu satisfaire, il abandonne la campagne, il vient à la ville, il y cherche du travail ; en attendant, il faut vivre ; ses enfants mendient ; le travail arrive, mais l'aumône rapporte ; le premier pas est fait, et les enfants continuent à mendier... Quelquefois lui aussi mendie.

C'est ainsi que les bras de cet honnête paysan se déplacent, viennent encombrer les cités et manquent au village ;

C'est ainsi qu'un homme qui eût rougi à la seule pensée de tendre la main, parce qu'il savait par son labeur suffire aux besoins de sa famille, est entraîné par la nécessité à faire des mendiants de ses enfants ; c'est ainsi qu'il est contraint lui-même à les pousser à leur perte, tandis qu'ils auraient été vertueux comme lui si l'organisation judiciaire n'était pas montrueuse. A pousser ses enfants à tendre la main ! à la tendre lui-même !... à offenser la morale, dût ce premier pas les entraîner dans le vice et les amener par la suite au bagne, tandis qu'avec la magistrature sagement et paternellement organisée, il aurait prêché d'exemple le travail, l'ordre la vertu, et ses enfants auraient été comme lui des hommes honnêtes et laborieux (1).

(1) L'amour-propre est la sauve-garde de toutes les vertus ; ébréchez-le, vous rougirez d'abord, mais insensiblement vous prendrez de l'effronterie, et chaque brèche faite à l'amour-propre sera un pas vers le cynisme ; car dès que vous aurez perdu l'estime de vous-même, vous ne vous ferez plus cette question : « *Que va-t-on penser de moi ?* » et rien ne vous arrêtera dans la pente entraînante du vice où vous serez entré.

Et lorsque les haines nées des procès poussent au crime? Que de gens privés de leur liberté à la suite d'une vengeance exercée dans ce cas! Ah! oui, l'organisation actuelle de la magistrature est vicieuse! Réformons-la : rendons la justice conciliante, gratuite, à portée de chacun; évitons les déplacements, qui nuisent aux travaux de l'agriculture, les frais qui la ruinent; les procès, tant qu'il sera possible de concilier, et ce sera souvent possible dès qu'on le voudra sérieusement; les procès qui dépeuplent les campagnes, surchargent les villes, corrompent l'homme et encombrent les lieux de punition.

Il y a tant à dire sur cette matière, et nous ne pouvons que l'effleurer.

CHAPITRE V.

L'impôt toujours fiscal, au lieu d'être paternel et prévoyant.

La civilisation, de même que le temps, marche en dépit de tous ceux qui veulent l'arrêter; ses premiers pas, lents d'abord, ont acquis une vitesse progressive de période en période, relative à l'état où elle est parvenue.

Personne ne contestera cet axiome, et cependant nos hommes d'Etat l'ignorent ou paraissent l'ignorer.

Pour la civilisation, la période écoulée depuis notre première République a créé un plus grand besoin de réformes que celle comprise entre la turpide régence et 89.

En 89, la civilisation réclama... un jour suffit pour changer l'assiette de l'impôt.

Depuis soixante ans il fonctionne sur les bases établies alors ; tous les vices de son organisme se sont montrés, attaqués par la presse, par les plaintes de la population.

La civilisation réclame en vain une transformation du budget, qui frappe la richesse et épargne la misère... On est sourd à sa voix, et dans un esprit de leurre, ou par impuissance, on tourne et retourne la forme, et l'assiette reste la même, et la misère paie tandis que la richesse, si elle n'est pas affranchie, est comparativement très-faiblement atteinte.

Est-ce mauvais vouloir? Est-ce aveuglement? Est-ce ignorance?

Si c'est mauvais vouloir; nous le disons hardiment, ceux qui, pour épargner les riches, persistent à augmenter encore les privations du pauvre sont des misérables !

Si c'est aveuglement; nous les plaignons, et nous leur disons : Le bonheur de la nation ne prend pas sa source dans ce que M. Guizot est au pouvoir au lieu de M. de Polignac ; dans ce que M. Barrot est à la présidence ministérielle, pas plus que dans ce que les créatures des uns ont succédé dans les emplois aux créatures des autres !

Le grand reproche fait à la Restauration, celui qui a amené sa chute a été, avec l'esprit d'ultramontisme qui la guidait, l'assiette mal comprise de l'impôt et sa lourdeur.

Ne vous y trompez pas ; si ces deux causes ne lui avaient point aliéné l'esprit de la nation, les ordonnances n'eussent pas trouvé tout Paris dans la rue, et la France marchant au secours de Paris ;

Et plus tard, Paris brisant spontanément un trône, au seul mot d'ordre : Réforme !

Si c'est ignorance ; si, comprenant qu'il y a à

faire, qu'il y va de l'ordre, de l'humanité, de l'avenir, de la nation, vous êtes impuissants et vous ne vous retirez pas pour céder la place à de plus capables, vous êtes des ignares (1).

Entre une nation et son gouvernement, il y a contrat synallagmatique; l'une fournit les moyens, l'autre l'exécution; l'une donne pour être protégée, servie dans ses intérêts généraux; l'autre reçoit pour protéger, servir les intérêts généraux (2). Du moment que l'un refuse d'exécuter ou exécute mal les conditions du traité, l'autre peut, à son gré, en forcer l'exécution ou le rompre. C'est ce qui est arrivé en 1830; c'est ce qui est arrivé en 1848; c'est ce qui arrivera en......... La date sera donnée par ceux qui ont le pouvoir d'introduire des réformes.

CHAPITRE VI.

De l'organisation actuelle de l'instruction publique.

Nous ne parlerons que de ce qui a trait à l'instruction primaire et secondaire; encore ne signalerons-nous que quelques vices par-ci par-là.

L'organisation universitaire ne nous occupe point aujourd'hui.

L'idée relative à la gratuité de l'instruction a fait

(1) La question de l'impôt sera pour nous le sujet d'une autre brochure.

Dans celle-ci, nous ne disons ces quelques mots que pour légitimer les diverses et nouvelles sources où nous puisons nos revenus dans notre indication réformatrice, toutes en dehors de l'assiette actuelle des contributions, qui pèsent particulièrement sur la campagne et provoquent beaucoup de désertions.

(2) Les intérêts généraux! entendons-nous : il y a inexécution, fraude, dès qu'une considération particulière éloigne de cette ligne.

trop de progrès pour qu'il soit nécessaire de la développer ici.

L'homme se gouverne par l'esprit (1). On peut le comprimer par les baïonnettes, mais tôt ou tard les baïonnettes fléchissent et l'esprit triomphe. On peut comprimer l'esprit, tant que la civilisation ne l'a pas amené à comprendre qu'il est mieux de faire ses affaires par lui-même que par les autres. Mais du moment que l'esprit a compris, il réclame, il force, il renverse tout ce qui s'oppose au retrait de la gérance de ses affaires..... et il proclame la République, ce gouvernement de tous par tous, qui tire sa force de l'esprit.

Cette vérité a été toujours comprise; aussi voyons-nous les gouvernements absolus ou constitutionnels lutter contre l'instruction publique, devenue pour eux une condition de vie ou de mort.

Aussi les voyons-nous ne céder qu'à leur corps défendant à la force de l'idée qui réclame, et ne laisser introduire que ce qu'ils ne peuvent empêcher... car l'ignorance est l'ennemie de l'esprit... aussi, dans leurs efforts, ils vont jusqu'à fausser le but; ils appellent à leur aide l'instruction mystique, comme un puissant auxiliaire de détournement de la vraie instruction, parce que la superstition tue l'esprit en l'avilissant et l'avilissement tue la civilisation.

C'est ainsi qu'à son avènement la République a trouvé des milliers d'écoles dirigées par les Frères ignorantins (2); les petits séminaires multipliés sur tous les points de la France. Dans les premiers l'enfant du pauvre y est attiré par la gratuité, et plus encore par le besoin de la famille, si elle est

(1) Idée, esprit, jugement.

(2) Institution qui reparut en France avec la monarchie napoléonienne.

assez malheureuse pour être obligée de recourir aux secours distribués par des institutions, œuvres ou congrégations de bienfaisance. L'assistance ne se donne que sur un certificat; et ce certificat émane ordinairement du curé ou d'une de ses créatures ; avoir un enfant à l'école des Frères est une recommandation puissante, toujours favorablement accueillie.

Dans les seconds la petite propriété, le petit commerce, l'employé, le retraité y envoient leurs enfants à cause du prix de la pension, toujours inférieur à celui des colléges.

Dans l'une et l'autre l'on ne donne à l'esprit que tout juste le développement nécessaire pour qu'on ne retire point les élèves; dans l'une et l'autre l'on s'applique à pousser quelques élèves, en très-petit nombre, pris parmi les plus intelligents ; ce sont ces élèves, toujours appelés, qui brillent aux distributions de prix; aidant ainsi à rejeter sur l'incapacité des autres leur peu de progrès et à voiler le but de l'établissement ; dans l'une et l'autre on enraie la civilisation ; pendant que les colléges en dehors du clergé maintiennent leur tarif élevé, sous prétexte qu'il y aurait perte ; l'on persiste à laisser ces établissements dans les villes afin de légitimer ces prix élevés, tandis que l'obscurantisme les élève dans des lieux à portée de la production, loin des grands centres.

Combien d'instituteurs privés, victimes de la concurrence ultramontaine, ont vu déserter jusqu'à leur dernier élève pour entrer dans les écoles chrétiennes et ont été privés ainsi de leur industrie !

Et les autres? dans quel état d'asservissement ne les tient-on pas afin de les décourager? Ils ne sont pas libres, même dans leur pensée.

Quelle parcimonie dans les traitements de l'instituteur, afin de l'abrutir, et avec lui ceux qu'il est chargé d'instruire !

Que d'entraves à l'établissement d'une école nouvelle? Et les locaux servant aux écoles, comment sont-ils entretenus?

Enfin, l'on paraît donner d'une main tandis qu'on retire sourdement de l'autre.

Aussi mal rétribuée, ainsi écrasée par une concurrence calculée, l'instruction primaire voit dans la campagne s'éloigner d'elle, à quelques exceptions près, tous les hommes de mérite; et les pères, découragés du peu de progrès de leurs enfants, ou les retirent pour les livrer, avant l'âge, aux travaux des champs, ou les envoient dans les petits séminaires, d'où ils ne rentrent plus pratiquer l'agriculture... Ils viennent augmenter ce nombre prodigieux de jeunes gens qui vivent de toutes les privations dans les villes en attendant de se caser en qualité de commis, et ce nombre est bien considérable.

Et l'impossibilité de faire élever ses enfants ailleurs qu'à la ville ne force-t-elle pas beaucoup de familles, chargées de nombreux enfants, à venir s'y établir pour leur procurer, en qualité d'externes, une instruction que leurs revenus les priveraient de leur donner différemment?

Non-seulement elles désertent d'ordinaire les champs pour toujours, mais elles entraînent encore un domestique ou autre.

Toutes les statistiques judiciaires s'accordent à attribuer aux illettrés la plus grande part des crimes et délits, proportion gardée des catégories.

Sortis de prison ou du bagne, rarement ils rentrent au village; c'est dans les cités qu'ils se rendent; ils privent ainsi l'agriculture de leurs bras, et viennent grossir le nombre des vauriens des villes.

L'humanité ne crie-t-elle pas contre un tel abandon de l'instruction, qui multiplie les méfaits? L'équilibre social ne réclame-t-il pas contre ce déplacement de bras enlevés à l'agriculture par les villes ou les maisons de correction? L'ordre, la morale publique, n'exigent-ils pas qu'on pratique tous les moyens d'améliorer l'espèce humaine, de l'élever à sa hauteur, et n'est-ce pas l'instruction qui élève l'homme?

L'économie politique ne commande-t-elle pas d'améliorer sans cesse?

Seriez-vous sourds à sa voix? refuseriez-vous de perfectionner l'espèce humaine, lorsque vous dépensez tant de millions dans vos haras, vos bergeries, vos courses de chevaux, vos encouragements à l'industrie, vos expositions publiques, vos médailles, vos rubans, etc., etc., toujours en vue d'améliorer?

CHAPITRE VII.

De la vicieuse exécution des travaux publics.

Peu soucieux des préjudices causés aux populations rurales, dans l'exécution des travaux publics on n'a jamais envisagé les déplacements des familles, ni les inconvénients qui les suivent, ni les besoins de l'agriculture.

Pour exécuter un travail public on appelle des bras... peu importe d'où ils viennent.

Celui qui se rend à cet appel est souvent parti de très-loin.

On s'endette pour faire le voyage; quelquefois l'on vient avec sa famille, après avoir vendu son mobilier à plus ou moins bas prix. On agit ainsi, attiré que l'on est par l'appât d'un salaire journalier plus élevé, mais l'on ne calcule pas que cette grande agglomération de travailleurs sur un même point va renchérir l'alimentation. Les travaux terminés, on n'a pu économiser, et l'on se trouve loin de chez soi, de ses parents, de ses amis, sans moyens de les rejoindre; on est obligé de rester dans le village; on y trouve peu de travail parce qu'on est peu connu et que chacun s'adresse de préférence à ses amis, à ses connaissances; l'on souffre; quelquefois on reste quand même; le plus souvent on se rend à la ville voisine, où l'on trouve plus de ressources; on y vivote et l'on s'y fixe, et l'on augmente ainsi le déplacement des bras.

CHAPITRE VIII.

De la pernicieuse influence qu'exerce le pouvoir sur les autorités et les administrations municipales.

Une des grandes causes du délaissement de la campagne pour la ville est l'influence pernicieuse que le pouvoir exerce sur les municipalités.

L'homme généralement s'attache au sol où il est né, il ne le quitte guère que contraint par l'exigence des besoins qu'il ne peut y satisfaire, mais presque toujours avec l'espérance d'y revenir.

Chacun a son petit grain d'amour-propre... Plus restreint chez le villageois, parce qu'il a moins vu, il est relatif à ce qu'il connaît; aussi ce qui serait une puérilité pour l'homme de la ville est une importance pour lui.

Son ambition ne s'élève guère au-dessus d'une place au banc des marguilliers ou de l'écharpe de maire; mais elle s'y élève et il fait les plus grands efforts pour les atteindre.

Ce but rempli; guidé toujours par ce besoin de distinction, premier mobile de l'homme qui s'estime, il apporte tous ses soins, toute son aptitude à rechercher ce qui peut être utile, productif, convenable à sa commune, afin de prouver qu'il est digne de la position qu'il occupe.

Il s'attache d'autant plus au sol que son importance s'est accrue; il se moralise avec d'autant plus d'ardeur et de conviction que sa position sociale s'est élevée; il devient bienveillant parce qu'il sent qu'il aura, lui aussi, besoin de la bienveillance d'autrui; il est d'autant plus obligeant que c'est par la reconnaissance qu'il cherche à s'attacher ses compatriotes; il sera toujours affable, parce qu'il voudra arriver ou se maintenir dans la position visée ou atteinte.

Mais pour cela, il faut lui laisser les moyens de l'atteindre ce but, par la volonté de ceux qui l'entourent, et ne pas tenir les communes sous la tutelle préfectorale.

N'ont-elles pas un conseil municipal pour empêcher un maire d'entrer dans une voie fausse ou déloyale?

N'ont-elles pas un conseil municipal composé d'hommes spéciaux, plus apte qu'un préfet et un conseil de préfecture à prononcer sur ce qui est convenable à la grande famille de la commune?

N'est-ce pas une réunion d'hommes habitant la localité, ayant un intérêt direct, commun, majeur, incontestable, et par conséquent obligés à faire collectivement le mieux possible?

La commune n'a-t-elle pas en main le pouvoir de les éloigner du conseil, en ne les élisant plus s'ils administrent mal?

Y a-t-il conflit entre le maire et le conseil municipal? Faites une enquête, destituez la partie fautive; mais ne soyez jamais injuste (1).

Ces conflits, si communs aujourd'hui, seraient bien rares; car, en dehors de votre action, le maire ne pourrait trouver son appui que dans le conseil municipal; il ne se froisserait pas alors; il n'agirait pas sourdement.

Laissez à la commune l'administration de ses revenus libre et entière; elle sait mieux que la préfecture ce à quoi de plus propice elle doit les utiliser.

Avec l'organisation actuelle, votre influence directe, votre approbation de préfecture, vous rencontrerez rarement l'homme de la majorité; car vous céderez toujours à une influence quelconque, ne serait-ce que celle des rapports entre la préfecture et tel ou tel personnage de la commune.

Dès lors vous remplacez chez les autorités locales ces qualités qu'elles se seraient efforcé de posséder, par le servilisme auprès de l'autorité préfectorale, et, par contre, vous provoquez la morgue du favori, que vous rendez hypocrite, fourbe; lequel, au lieu d'être l'homme de la commune, devient l'homme de la coterie; vous le corrompez, enfin.

De là des animosités, qui quelquefois deviennent si grandes qu'elles amènent des familles à s'éloigner de la commune.

De là ces emplois de fonds en dépit du sens moral, faits pour gagner telle ou telle influence,

(1) Nous réservons la partie administrative et attributive des pouvoirs; elle aussi exige de grandes réformes, car nous agissons en République. monarchie est, au même point de vue gouvernemental, une vieille asthmatique, cacochyme, et la République une jeune fille dans la fleur de l'âge et la vigueur de la santé; le régime de l'une ne saurait convenir à l'autre, pas plus que la toilette: elles diffèrent essentiellement dans leurs goûts.

emplois qui les ruinent et les privent de créer des choses vraiment utiles. De là ces administrations infidèles, corrompues, que nous avons tant flétries et que l'on conserve encore, comme si ce qui était hier vice chez autrui s'était changé chez nous en vertu du jour au lendemain.

CHAPITRE IX.

L'état de distinction introduit dans la société actuelle, qui donne à chacun une importance égale à celle de l'or qu'il possède.

La corruption du règne de la branche cadette a fini de précipiter la nation dans l'influence de l'or.

Portée qu'elle était par une grande tendance à sacrifier au culte du veau d'or, néanmoins elle ne donnait encore à la fortune qu'une distinction secondaire ; entre un général et un fournisseur enrichi de l'armée, elle ne balançait point, elle encensait le général ; aujourd'hui, elle encenserait le fournisseur.

Le peuple est ce qu'on le fait ; à la longue les vices d'en haut arrivent jusqu'à lui ; ils s'y montrent plus hideux, parce qu'il ne les dissimule point ; mais ils y sont moins profondément enracinés, car il existe en lui un fonds de vertu qu'on ne détruit jamais et qui reprend le dessus à des époques indéterminées que le temps ramène.

Chez lui sont innés l'abnégation, le dévouement, la fraternité ; elles y sont à poste fixe ; elles peuvent parfois être recouvertes d'un voile ; mais que l'occasion se présente, et le voile disparaît, pour nous les laisser apercevoir dans leur sanctuaire : le cœur du peuple.

Le peuple est ce qu'on le fait, avons-nous dit. En effet, sans remonter trop loin, rétrogradons un peu.

Nous le trouvons hypocrite et dévot sous la Maintenon; débauché, corrompu, sous la Régence; débauché, corrompu, sceptique même, sous les Cotillons; presque moral sous Louis XVI; impie, athée, fougueux, entreprenant, fier, vaillant, audacieux, sous la Répnblique; brave, courageux, sous l'Empire; avide de fantasmagorie religieuse et de distinctions sous la Restauration; courant d'une cérémonie d'église à une antichambre de préfecture pour solliciter même la décoration du lys, et spéculateur, trompeur, corrompu, avide de richesse, ne reculant devant aucun moyen pour les posséder, sous la monarchie de Louis-Philippe.

Désertant la campagne pour la ville par l'appât de quelques écus; le fils y vient végéter, oppressé qu'il est par la concurrence des bras; le père y envoie sa fille : elle est jolie, il y a cent à parier contre un qu'elle s'y perdra... C'est égal, cela ne l'arrête point : elle rapportera des écus.

Il a vu une jeune fille, après trois ou quatre ans de séjour à la ville, revenir au village en robe de soie; elle a donné de l'or à ses parents, répandu des cadeaux à tout le voisinage... Il sait parfaitement de quelle source cet or et ces cadeaux ont jailli; il le sait, le rusé paysan; mais il feint de l'ignorer, et sa fille part pour la ville. Tel le trône de Juillet a fait le peuple de nos jours.

CHAPITRE X.

Causes principales étreignant l'agriculture.

Les causes principales qui étreignent l'agriculture sont (1) :

1° L'infimité des moyens transactifs que possède la France ;

2° Les procès (2) ;

3° Le taux de l'intérêt plus élevé que le rendement net des terres ;

4° La perte de temps pour trouver un prêteur ;

5° Les frais d'actes, d'inscriptions, d'enregistrement ;

6° Les maladies, les frais d'inhumation ;

7° Le peu de produit que rendent les terres et la mévente des récoltes ;

8° Les fléaux destructeurs ;

9° Le manque de fêtes consacrées à préconiser les vertus.

CHAPITRE XI.

Infimité des moyens transactifs que possède la France, si peu en harmonie avec ses besoins.

Dans l'état actuel, la propriété obérée paie en intérêts ou frais divers de l'argent qu'elle emprunte, deux fois autant au moins que le produit qu'elle rend ; cela tôt ou tard amène la ruine par-

(1) Voir le chapitre III : de l'agriculture.

(2) Voir le chapitre IV.

ticulière et porte les plus grandes entraves au développement de l'agriculture.

Le moyen transactif en France, soit métallique, soit fictif, s'élève au plus à 4 milliards. Ces 4 milliards sont entre les mains de deux mille privilégiés de la finance, — les banquiers.

La dette hypothécaire s'élève à 10 ou 11 milliards.

La France paye au budget 1 milliard 500 millions.

Elle fait par an plus de 40 milliards d'affaires commerciales.

Ses transactions foncières s'élèvent à plusieurs milliards.

Elle possède des chemins de fer, des canaux, des mines d'une valeur de plusieurs milliards.

Sa valeur foncière atteint presque 100 milliards.

Sa valeur bâtie dépasse 50 milliards.

Elle possède en marchandises fabriquées, matières premières, outillages, etc., une trentaine de milliards, et pour moyen transactif d'une si immense fortune, d'un chiffre d'affaires si considérable, d'un budget si élevé, de transactions foncières si multiples, etc., elle n'a que quatre milliards, ni plus ni moins que ce qu'elle avait sous Louis XIV, et la valeur de la propriété et le budget ont quadruplé, et le chiffre d'affaires a décuplé ; et ces quatre milliards sont aux ordres de deux mille personnes au plus qui, selon qu'il leur plaît, les livrent ou les gardent dans leurs coffres, et font ainsi les crises commerciales, ces crises qui jettent le désordre, la perturbation, la ruine dans la société, selon qu'une spéculation quelconque porte les détenteurs à les resserrer.

Et qu'on ne nous le conteste point, les crises financières ne naissent pas seules des révolutions;

de 1834 à 1847, nous en avons supporté sept qui ont duré plus ou moins longtemps, dont les moindres ont perturbé le commerce pendant plusieurs mois, ont amené des faillites sans nombre et flétri d'honnêtes familles, victimes de la cupidité spéculatrice des privilégiés de la finance.

M. Léon Faucher, dans son rapport du 3 ou du 4 septembre 1848 au comité des finances, sur la proposition d'une émission de deux cents millions ayant cours comme papier-monnaie, réfute, comme erreur, une telle création, et s'attache à prouver que le moyen métallique transactif est suffisant, attendu que nous sommes aussi riches à cette époque qu'avant février; qu'il suffirait de ramener la confiance pour que le char du commerce ne fût plus entravé, et qu'on prenait le rouage pour le moteur.

Nous demandons humblement pardon au génie de M. Léon Faucher de n'être pas d'accord avec lui.

Nous savons que ces métaux précieux existent, mais que, resserrés à volonté dans les coffres des capitalistes, ils deviennent un fléau pour l'industrie, le commerce et l'agriculture, par les crises financières qu'ils enfantent. C'est contre cet état de choses que nous nous élevons; c'est cet état de choses que nous voulons détruire, afin que quelques particuliers ne puissent pas impunément se jouer de la fortune publique et de l'honneur des familles, en fermant ou ouvrant leurs coffres-forts à volonté.

Nous savons, avec M. Léon Faucher, que les moyens transactifs sont la cheville ouvrière de l'agriculture, du commerce et de l'industrie; qu'ils font mouvoir le commerce, celui-ci l'industrie, qui tous deux consomment les produits de l'agriculture; que dès que cette cheville cesse de fonctionner, ils sont contraints de s'arrêter.

C'est pour empêcher qu'on puisse jamais enrayer son fonctionnement, que nous voulons porter le chiffre du moyen transactif au point qu'il doit atteindre, pour amener l'équilibre entre les moyens et les besoins de la transaction.

Vous faites erreur encore, M. Faucher, quand vous dites que nous prenons le rouage pour le moteur, et les instruments de crédit pour le crédit lui-même.

Permettez-moi de vous faire remarquer que si le char du commerce est attelé de quatre milliards de numéraire, métallique ou autre, il est poussé par vingt milliards de papier monnaie, sans les secours duquel le char du commerce ne ferait pas un pas ;

Par vingt milliards de lettres de change ou billets à ordre, créés individuellement, qui jettent si souvent la perturbation dans les fortunes particulières par leur détérioration du jour au lendemain, dès qu'il plaît aux privilégiés de fermer leurs coffres. C'est cette leçon si claire, si précise, donnée par le fonctionnement constant de chaque année, que nous voulons régulariser, en harmonisant les moyens et les besoins, en donnant une source pure et rassurante (1) à ces vingt milliards qui poussent

(1) Nous échappons par ce moyen à tous ces billets de complaisance qui sont un fléau pour le commerce, une source de ruine pour les hommes bons ou faibles qui se laissent entraîner à donner leur signature ;

Un moyen de spoliation ; car tel qui s'arrêterait, poussé, aidé par cette facilité, jusqu'à tel point qu'il ne lui reste plus rien à offrir à ses créanciers quand il dépose son bilan.

Une voie ouverte à la mauvaise foi :

Que de tripotages, que d'escroqueries naissent de cette faculté particulière si généralisée, et par conséquent si naturelle, de créer du papier-monnaie !

Nous avons fait des vœux pour la réussite de la banque Proudhon, non pour elle-même, car, à notre point de vue, elle n'atteignait pas le but, mais, par la part d'influence qu'elle donnait à son fondateur, parce qu'elle forçait le pouvoir à entrer dans les vraies réformes financières, celles en

le char social, en les consolidant enfin à l'égal des métaux précieux employés actuellement aux moyens transactifs.

Les hommes d'argent ne manqueront pas de se liguer contre nous, sous prétexte que nous jetons la perturbation dans les finances par la création de plusieurs milliards de papier-monnaie. C'est la perturbation dans l'agiotage, dans l'usure, que nous jetons, au point de les rendre presque impossibles, et par conséquent peu dangereux.

Que les gens sensés réfléchissent ; l'espace nous manque pour le démontrer, ils reconnaîtront, avec nous, qu'une pareille émission *n'aurait d'autre inconvénient que de moraliser la finance*; car notre création, si elle ne détruit entièrement la hideuse usure, la restreint dans des proportions infimes, rend la crise financière impossible, et par cela même donne la sécurité au commerce, l'entrain à l'industrie, le développement à l'agriculture, la richesse à l'État et le bien-être général, en même temps qu'elle met un frein à ce besoin corrupteur de possession, à cette soif de l'or, source de tant d'iniquités, et rend impossibles les fortunes scandaleuses qui surgissent du jour au lendemain, amassées par tous les moyens, avouables ou honteux.

C'est en combinant le billet de banque et le billet de commerce que nous voulons établir le billet hypothécaire, espèce de contrat transmissible ayant pour garantie le sol.

C'est ce billet hypothécaire que nous voulons répandre comme moyen transactif mais dans la proportion des besoins sociaux, afin de ne pas tomber dans le double écueil de la dépréciation et de l'élèvement du prix de la propriété, par sa profusion, ou de ne venir qu'imparfaitement en

harmonie avec les besoins de la nation, et ce premier pas fait amenait les autres.

aide au commerce, à l'industrie, à l'agriculture, en n'apportant ainsi qu'un palliatif, toujours insuffisant.

Nous pensons que le chiffre de création du papier hypothécaire ne saurait être moindre de dix milliards.

Voici sur quelles hypothèses nous avons raisonné avant de nous arrêter à ce chiffre.

Marseille, dont nous pouvons parler avec connaissance de cause, car nous l'avons étudiée, Marseille est sans contredit, après Paris, la ville de France la plus riche en moyens transactifs. Voici comment le commerce y opère ses paiements aux grandes échéances des fins de mois et des quinze :

Quelques jours avant, le premier crédit possède presque dans ses coffres les moyens transactifs nécessaires à l'acquittement de ses obligations ; le second crédit a des promesses de fonds, les autres ont des espérances. Le jour de l'échéance arrive ; le premier crédit paye de deux à quatre heures de l'après-midi, soit des fonds qui reposaient dans son coffre, soit de ceux qu'il envoie chercher chez le banquier, qui s'est engagé, par une note de négociation, à les lui fournir.

Remarquons bien que les moyens transactifs remis par les banquiers sont déjà pris sur ceux qui rentrent ou viennent de rentrer, ce qui prouve qu'ils sont insuffisants même aux paiements du premier crédit.

Le second crédit, au moyen de notes de négociations qu'il va toucher, paie depuis quatre heures jusqu'à la fermeture des comptoirs. C'est donc déjà deux fois que les mêmes espèces ont servi.

Le troisième crédit, le boutiquier en général et le petit industriel, paient dans la journée du lendemain, recevant du banquier à mesure qu'il encaisse, et la journée, si longue qu'elle soit, ne l'est pas assez pour toutes les négociations que ce jour amène, puisqu'une notable partie des obligations du petit commerce n'est retirée que le troisième jour de l'échéance de chez les notaires où elle se trouve pour être protestée (1).

Nous n'exagérons pas en présumant que les moyens transactifs servent deux ou trois fois pendant cette journée-là.

Les mêmes fonds servent donc, au moins, au paiement de quatre échéances dans une même échéance ; donc ils ne sont tout au plus en harmonie avec les besoins sociaux qu'en raison de 25 pour cent. Et que sera-ce si le moyen transactif est en si grande disproportion dans cette ville, riche en numéraire? que sera-ce sur les autres points de la France ?

Voilà la première considération qui nous a amenés à fixer le chiffre à dix milliards de billets hypothécaires.

Qu'il plaise à la Banque de retirer les fonds de la circulation, ou qu'une spéculation malheureuse, ou un coup de commerce (2) viennent fermer

(1) A Marseille, de même que dans toutes les villes, les banquiers sont classés par échelons, plus haut ou plus bas placés, selon le crédit ou la fortune qu'on leur attribue. Chaque clientèle est relative au crédit du banquier ; ainsi le boutiquier, le petit industriel ont un petit banquier ; ce petit banquier négocie chez plus grand que lui, et ainsi de suite des uns aux autres jusqu'à la Banque.

Chacun fait son bénéfice ; le premier prend beaucoup, car il faut qu'il laisse aux autres. Aussi n'est-il pas rare, — et nous n'exagérons point, — de payer 1 pour 100 par mois d'agio, 1 pour 100 de commission, et 1/2 pour 100 de provision ou perte. Comme on ne reçoit que du papier à trois mois de date au plus, il résulte, — en supposant encore que tout le papier soit à quatre-vingt-dix jours d'échéance, — que le petit industriel paie :

Intérêts, 1 pour 100 par mois ; par an,	12 fr.
Commission, 1 pour 100 pour trois mois ; par an,	4
Provision, 1/2 pour 100 pour trois mois ; par an,	2
Total,	18 p. 100

Nous ne parlons pas de ceux qui paient encore davantage.

(2) C'est ainsi que nous avons entendu cyniquement désigner une spoliation commerciale.

quelques coffres, des uns aux autres il y a perturbations; car comme l'un attend de l'autre pour satisfaire à ses engagements, la faillite du premier entraîne celle du second, et ainsi de suite; et la loi frappe souvent un commerçant malheureux, qu'elle voue à la honte, lui et sa famille; elle frappe un honnête homme, dont toute la faute est d'être victime des institutions fausses de l'ancien monde.

Deuxième considération en faveur des 10 milliards.

Les affaires se traitent au comptant ou à terme, à un, deux, trois, six mois et quelquefois à un an.

La moyenne est trois mois.

Le chiffre d'affaires, en France, est 40 milliards pour l'année, et pour trois mois 10 milliards; il faudra donc 10 milliards de moyens transactifs et nous en aurons 14 : 4 existant et 10 à créer; il y aura profusion.

Cela paraît rationnel au premier aperçu; mais, si l'on considère qu'il faut pourvoir à tant de besoins, autres que ceux du commerce, on reconnaîtra que les 4 milliards dépassant les 10 sont à peine suffisants. En effet, 4 milliards pour trois mois en donnent 16 pour l'année.

Il nous en faut : pour le budget, 1 milliard 500 millions;

Pour les prêts fonciers, 3 ou 4 milliards, soit 3 milliards 500 millions;

Pour les poches particulières 1 milliard;

Pour les transactions commerciales, 10 milliards.

Voilà déjà l'emploi de ces 16 milliards, et il en faut encore pour l'achat des différents produits exotiques, tels que le poivre, etc., qui ne s'échangent point; pour les armements de pêche, pour les achats d'huile à l'étranger, et pour tant d'autres choses en dehors des 40 milliards d'affaires.

Cette troisième considération nous a conduits au chiffre de 10 millards.

La coïncidence qui existe aussi entre le paiement commercial, en moyenne à trois mois, donnant, relativement au chiffre d'affaires, le même, à peu de choses près, que celui de la dette qui grève la propriété, nous a conduit encore à adopter le chiffre de 10 milliards.

La moralisation du commerce par l'extirpation de la fraude, par l'impossibilité de la faillite; car, dès que le moyen transactif sera suffisant, les affaires ne se feront plus qu'au comptant; la sécurité des positions commerciales, car on ne serait plus exposé à être ruiné du jour au lendemain; la prudence dans les affaires, car chacun connaîtrait sa position, et par son coffre se rendrait compte des profits et pourrait fixer relativement ses dépenses.

L'augmentation des revenus agricoles; par la possibilité de faire les travaux en temps utile et de les bien faire, car alors la production en serait plus grande, la consommation augmentée pour tous et le bien-être général.

Quand il tombe une averse, un parapluie garantit mal, de même la plus grande quantité de numéraire arriverait à tous.

La moralisation de la nation : car combien de jeunes filles qui se conserveraient pures, combien de femmes qui ne trahiraient point leurs devoirs, combien de délits et de crimes qui ne seraient pas commis? Toutes ces considérations nous ont amené à fixer le chiffre à 10 milliards.

Une question se présente encore : devraient-ils être introduits simultanément ou progressivement?

Dans le premier cas, un inconvénient se présentait : celui d'élever tout-à-coup la valeur de la propriété foncière, qui serait plus recherchée; serait-ce un mal? et, dans ce cas, le mal serait-il bien grand? Pour nous, ce n'en est pas un, puisque le taux de la propriété serait relatif à la somme des moyens transactifs.

Dans le second cas, on jetterait la désolation dans les campagnes, s'il arrivait que, mal accueilli, ce papier servît au remboursement des hypothèques : Les créanciers poursuivraient alors impitoyablement leurs débiteurs et l'expropriation surgirait de tous côtés, afin d'être payés avant les émissions. Cela serait un grand mal.

Et la position financière, que n'y gagnerait-elle pas aussi? Nous signalerons cette question en développant la pratique dans notre seconde partie.

CHAPITRE XII.

Les procès.

Les procès, causes de ruine de l'agriculture. Voir le chapitre IV de la première partie.

CHAPITRE XIII.

Le taux de l'intérêt plus élevé que le rapport des terres.

L'hypothèque et l'intérêt tels qu'ils existent actuellement sont bien plus ruineux, bien plus terribles pour l'agriculture que tous les fléaux destructeurs de la nature réunis. Nous citons quelques cas à l'appui sur les mille qui se présentent en foule (1).

Un cultivateur élève honnêtement sa famille du produit de son travail, il a même quelques prévoyantes avances pour parer au déficit d'une mauvaise récolte; deux mauvaises se succèdent; il se gêne, il se prive, et grâce à des amis qui lui prêtent, il évite l'hypothèque; mais une épizootie ou tout autre fléau le frappe, il est obligé d'emprunter ou de vendre une partie de ce qu'il possède... Il en coûte de se dessaisir de sa propriété, et l'on arrive si difficilement à la vendre à cause de l'insuffisance des moyens transactifs; il recourt à l'emprunt... après des pertes de temps immenses, après s'être arriéré davantage encore par les dépenses de déplacement, il parvient à le contracter. Malheureux! que viens-tu de faire? C'est ta ruine et celle de tes enfants que tu as signée!

En effet, comment en serait-il autrement?

Les terres rapportent en moyenne, contributions payées, trois et tiers pour 100; il a emprunté 1000 francs, qu'il doit rembourser dans trois ans, terme moyen des prêts hypothécaires; ces 1000 f. à 3 et tiers pour 100 lui rendront à lui 33 fr. 33 c, par an, et pour les trois ans 100 francs.

Il a dépensé en courses pour trouver les fonds ci.	20 f.
Intérêts à 5 pour 100, pour trois ans, à 50 fr l'an	150
Commission : 1 pour 100; elle s'élève à 2 ordinairement, nous portons à 1, soit 10 f. par an; pour trois ans	30
A reporter.	200

(1) Nous écrivons en vue d'être à portée de toutes les intelligences de la campagne, aussi nous appliquons-nous exclusivement à présenter nos indications de manière à être compris facilement.

Report.	200
Honoraires du notaire (1) 2 f. 50 p. 100	25
Papier timbré, grosse, expédition,	8
Enregistrement, inscription, etc.	60
Total	293
A déduire	100
Reste	193 f.

Plus les déplacements pour solder les intérêts. Cet honnête cultivateur s'arrière donc dans ses affaires, pendant chaque période de trois années, d'une somme égale au cinquième de celle empruntée, ce qui dans quinze ans absorberait le capital, mais qui par les intérêts de l'arriéré de chaque année et autres déboursés l'absorbe en réalité dans un espace de temps moindre de quinze ans, et amène pour l'emprunteur la perte de deux fois autant de terre qu'il en aurait vendue pour se procurer la somme qu'il a empruntée,... si le moyen transactif avait été en harmonie avec les besoins de la société (2).

Un pareil résultat est déjà bien déplorable ; mais il l'est encore davantage ; la propriété rapportant moins qu'il ne retire, il est obligé d'emprunter tous les ans pour payer le déficit de chaque année ; pendant les premières il trouve des prêteurs, mais bientôt la valeur de sa propriété n'offre plus assez de garanties, et parce que les sommes

(1) Chez les notaires aussi, le système du vieux monde. Leur tarif progresse selon que la somme portée sur le contrat diminue. Une transaction de 1,000 fr. coûtera au moins 25 fr., tandis qu'une de 100,000, qui en proportion devrait s'élever à 2,500, se paiera 4 ou 500 fr. au plus.

(2) La propriété doit 12 milliards, le Trésor 6, le commerce au moins 20 ; voilà seulement 38 milliards, et pour subvenir à tous les besoins qu'ils créent, la France en possède 4 ! Rester dans cet état, n'est-ce pas la plus grande erreur ? N'est-ce pas donner au capital monétaire une prépondérance qui ne lui appartient point, au détriment des autres capitaux qu'il écrase ?

empruntées s'accumulent et parce que sa propriété diminue de valeur, étant moins bien soignée à cause de l'état de gêne dans lequel il se trouve, et de tout le temps que ses déplacements lui ont enlevé; alors l'huissier survient, les frais d'expropriation et le bas prix que l'on paye aux enchères absorbent ce qui lui serait resté encore de sa propriété.

Voilà la société privée de tout ce que cette terre négligée aurait rapporté de plus si les travaux eussent été faits convenablement, et voilà une famille dépossédée. Bientôt elle quitte la campagne pour la ville; pour la ville, où elle se figure trouver plus de ressources parce que ceux qui avant lui sont allés l'habiter ont reparu en visite dans le village sous l'apparence d'une position heureuse (1).

CHAPITRE XIV.

La perte de temps pour trouver un prêteur.

Ce titre n'exige aucune indication, il laisse suffisamment comprendre que, pendant qu'on s'occupe d'allées et de venues, on ne donne pas son travail à la terre, qu'elle en rapporte moins, que c'est autant de perdu pour le particulier, et autant

(1) Cette vanité est encore une grande cause de désertion de la campagne pour la ville, se rattachant à la distinction de l'homme pour l'or. Le villageois qui habite la cité ne paraît jamais dans son village s'il est malheureux; mais dès qu'il a plus ou moins réussi, il vient auprès des siens, se pare de ses plus beaux habits, grossit sa position, et excite ainsi le désir de la ville.

Hélas! ceux qui l'entourent ne réfléchissent point que pour un des leurs qui vient ainsi se montrer, dix n'y viendront pas, parce qu'ils sont malheureux, plus malheureux qu'au village, et qu'une fausse honte les empêchera même d'y rentrer.

de produits alimentaires qui manquent aux masses.

Dans le chapitre IV, *des procès*, et dans le chapitre précédent nous avons dit quelques mots sur cette matière.

CHAPITRE XV.

Les frais d'acte, d'inscription, d'enregistrement.

Ce chapitre encore, dans sa partie matérielle, est compris et jugé par tous; aussi ne ferons-nous pas ressortir et l'énormité des honoraires alloués à MM. les notaires, et l'inscription, si ruineuse, et l'enregistrement, si fiscal, pour arriver plus tôt à quelques réflexions morales.

Il est de ces enseignements éclos au milieu de la société qui se montrent sans cesse, se représentent avec une persistance accusatrice contre l'incurie, l'aveuglement, l'ineptie ou le mauvais vouloir des gouvernements qui protègent ou tolèrent certaines institutions.

Tel est celui donné par la moralité de l'œuvre du notariat.

Individuellement nous avons pour MM. les notaires la plus haute estime. Nous voudrions pouvoir en dire autant sur la corporation; malheureusement telle n'est pas notre opinion. Tout démontre que l'institution est déloyale, vicieuse, immorale, au point qu'il doit falloir au desservant, — s'il est vrai, comme l'a dit le notaire Lehon, que le notariat soit un sacerdoce, — une vertu cuirassée à toute épreuve, pour résister à l'entraînement corrupteur du culte.

Nous n'énumérerons point, nous n'enregistrerons pas tant de méfaits, si souvent reproduits, qui remplissent toutes les mémoires ; nous n'enregistrerons point tant de noms inscrits aux greffes des cours d'assises et scellés dans les maisons centrales ou les bagnes.

Il faut que l'institution soit bien turpide pour que la classe des notaires soit, de toutes celles de la société, proportion gardée du chiffre, celle qui assume, peut-être, le plus de condamnations judiciaires.

Comme officiers publics, les avocats, les avoués, les huissiers même, ne peuvent entrer en parallèle avec eux.

Comme hommes privés, les médecins, les rentiers, les propriétaires, ne sauraient leur être comparés.

Comme hommes d'affaires : négociants, banquiers, fabricants, armateurs, sont loin de pouvoir entrer en ligne avec eux.

Il faut donc que la part de funeste influence que l'organisation du notariat exerce sur le notaire ait une grande puissance de démoralisation, pour que les pervertis soient si nombreux.

En effet, il serait absurde de supposer que les jeunes gens qui se destinent au notariat, de même que ceux que le hasard ou une cause quelconque y place, sont d'une nature différente du commun des hommes.

C'est donc l'institution qui est vicieuse et qu'il faut réformer.

CHAPITRE XVI.

Les maladies dans les campagnes, les frais d'inhumation.

Dans l'organisation de la société du vieux monde,

tous les secours sont à peine d'infimes palliatifs, empêchant, et encore pas toujours, de tomber d'inanition, de même qu'ils sont des causes d'abrutissement, puisque l'homme ne peut jamais les recevoir sans baisser les yeux; ils ont tous pour point de départ la charité; et qu'on ne s'abuse pas, tant que la protection ne sera pas organisée comme droit, tant que l'homme pourra obtenir en s'abaissant, en priant, il s'abaissera, il priera, et l'espoir de se procurer par la prière le rendra fourbe, déhonté, crapuleux, ne se soumettant à ses devoirs que contraint et forcé.

Définissez son droit à la protection, n'allez jamais au delà que pour des cas exceptionnels; vous ne le verrez plus se reposant sur les vices que vous le forciez de contracter, et dès lors il se retournera pour se suffire, il remplira sa tâche dans la société.

Contraint par le besoin, ayant la certitude qu'il ne peut espérer que ce qui lui est dû, il s'habituera progressivement et finira par s'acquitter de son devoir avec autant de zèle qu'il mettra de la persistance à réclamer son droit si on le lui refuse.

Paris offre un exemple bien frappant de ce que nous avançons; sans compter les vieillards et les infirmes, il renferme dans son enceinte quarante mille personnes du sexe masculin qui ne font rien ou presque rien, qui vivent d'aumônes ou de méfaits; quarante mille! un vingtième de la population, en y comprenant encore les enfants.

Proposez du travail à ces personnes? Elles le refuseront, abruties qu'elles sont. C'est le vieux monde qui a porté ce fruit; il a transformé la fraternité en charité.

Telle a toujours été l'essence du pouvoir dans tous les gouvernements quelconques : dès qu'il a appartenu à un seul, il a voulu repousser toute espèce de frein, s'affranchir de tout contrôle, et pour atteindre son but, en même temps qu'il a élevé et comblé de faveur et d'or ceux qui entourent le trône, il a employé tous les moyens pour avilir et apauvrir les masses (1).

L'homme avili n'a pas de cœur ; la misère manque d'énergie... C'est ainsi qu'on arrive à comprimer et à être maître et souverain seigneur en toutes choses.

Une autre preuve que nous offre aussi Paris, celle-là révoltante d'injustice, Paris la ville du luxe, Paris la ville des arts, Paris qui possède la cour, les ministères, les directions, les écoles, une armée, etc., etc. ; dont les revenus procurent des ressources immenses ; Paris, dans les murs duquel ses monuments et sa magnificence attirent tant d'étrangers de toutes les nations ; Paris, où viennent se dépenser tous les grands revenus de tous les coins de la France ; Paris prend tous les ans à la campagne, qu'il épuise, pour entretenir ses théâtres, ses monuments, son

(1) Et qu'on ne nous conteste pas cela ; un regard rétrospectif prouvera combien nous sommes dans le vrai. Même sans remonter à la monarchie, cette habitude d'écraser le prolétaire s'est-elle perdue depuis la République ? Voyons.

Quelles réformes en sa faveur depuis le 24 Février ? Toutes celles opérées par le Gouvernement provisoire, rapportées. Abolition de l'impôt sur le sel, profitable au prolétaire, remise en question.

Abolition de l'impôt sur les boissons, favorable au travailleur ; projet du ministre pour sa recréation, plus onéreuse encore au travailleur.

Oh ! n'ayez pas peur qu'ils reviennent sur la diminution du prix des qualités supérieures de cigares... le prolétariat ne les consomme pas.

De même que sur la taxe des lettres, profitable au banquier, au négociant, au commerçant, qui écrivent et reçoivent cent missives par jour ; au riche oisif, que l'ennui porte à entretenir des correspondances... Oh ! soyez rassurés, ils n'y toucheront point.

Ils ont fait valoir leur philanthropie, leur sollicitude pour ce pauvre peuple, et ils ont obtenu une réforme en son nom qui profite à eux seuls.

Ils savaient bien qu'à peine la famille prolétaire livre en moyenne deux lettres par an à la poste.

armée, son monarque, ses mille écoles, ses innombrables employés, etc.

Sans pitié pour la campagne, qui lui envoie tout ce que les grandes fortunes lui enlèvent, Paris prend tous les ans, sur le budget général, des millions qu'il distribue à ses mendiants, et le vice enraciné de l'ancien monde peuple Paris de fainéants, de Voyoux.

C'est ce vice des monarchies que l'on cherche à continuer encore : écraser toujours le petit pour favoriser le grand.

Mais tout a un terme ! et le petit arrivera à comprendre ; alors adieu à l'ancien monde ; nous entrerons dans le nouveau, et le gouvernement d'alors ne s'appuiera pas sur la corruption, il ne redoutera plus les grandes populations parce qu'il sera paternel ; il n'appauvrira pas la campagne en faveur de la ville ; il ne poussera pas le travailleur honnête, en l'écrasant de charges, à renoncer au travail des champs pour l'ivrognerie et la corruption de la cité. Alors chacun exigera son droit, tout son droit, et en retour il remplira son devoir, tout son devoir ; alors le pouvoir au lieu de baïonnettes pour se garder n'aura que des cœurs ! Alors l'homme le plus honoré sera le plus méritant ; alors les fourbes et les ambitieux, les scribes et les pharisiens se retireront sur la montagne, écumant de rage de ne pouvoir plus tromper ; leur règne sera passé, et commencera le règne du juste. Alors les cris de torture poussés derrière les verroux politiques se changeront en cris d'allégresse, car les verroux politiques tomberont ; alors la joie sourira à la misère, l'espérance au malheur ; alors d'un bout de la France à l'autre on chantera *hosanna !* alors nous aurons la République !!!

Dans ce vieux monde, dès qu'un paysan tombe

gravement malade, la famille est dans le besoin; on ne peut le soigner, on n'a pas même du pain.

Les communes rurales n'ont point d'hôpitaux, le malade est transporté à la ville, privé de ressources... et pour se rapprocher de lui, assez souvent la famille vient à la ville; l'un y mendie, l'autre y fait des ménages, un autre entre dans un atelier, où il gagne très-peu, moins que ne gagnerait quelqu'un de la ville; c'est à cette condition qu'il est placé. — Il gagne tout au plus quelques sous par jour; bref, l'on s'agiote et l'on ne meurt pas de faim, bien qu'on se couche souvent l'estomac vide.

Si le malade guérit; d'ordinaire l'espérance d'un meilleur avenir dans la ville, son enfant en apprentissage, etc., le décident à y rester; s'il succombe, la famille ne revient guère habiter le village, et l'agriculture est privée de ses bras.

Le paysan qui tombe malade a-t-il quelques économies; la maladie les épuise et l'on s'endette; ce n'est rien encore s'il en réchappe... car les maladies des paysans sont généralement de grosses maladies; ils ne s'arrêtent pas pour un simple bobo, ne s'alitent que quand ils ne peuvent plus se tenir debout, et n'appellent un médecin que lorsque le mal a fait de rapides progrès. Aussi, la mort suit-elle souvent la maladie, et les dépenses qu'elle a occasionnées sont augmentées encore des frais d'inhumation (1); la détresse s'ensuit; la

(1) Nous sommes loin de blâmer le luxe qui s'est introduit dans les cérémonies funèbres, nous respectons trop les témoignages du regret: mais nous flétrissons de tout notre pouvoir cette tactique du fisc religieux et des pompes funèbres, spéculation immorale qui semble se complaire à faire ressortir *le convoi de charité*. Ah! que de cœurs l'on froisse, que de familles l'on réduit au désespoir (*) par l'aumône qu'on affiche de l'inhumation gratuite!

Combien de familles qui, pour s'y soustraire, vendent jusqu'à leurs

(*) En mai 1849, une jeune fille, qu'on a heureusement sauvée, s'est précipitée dans la Seine, poussée par le désespoir de n'avoir pu éviter à sa mère le convoi des pauvres.

veuve, pour se soulager, envoie son enfant à la ville; il s'y place ou s'y perd; celui-là en attire un autre, la campagne se dépeuple encore, l'agriculture souffre, la concurrence dans les cités dévore le travailleur, et petit à petit l'on se livre au vice; les lupanars, les prisons et les bagnes se peuplent!... la morale est foulée aux pieds!

CHAPITRE XVII.

Le peu de produits que rendent les terres, et la mévente des récoltes.

L'agriculture ne donne pas en moyenne plus de 3 et un tiers de revenu net pour 100, tandis que, dégagée de toutes les sangsues qui la saignent et aidée par le moyen transactif, elle arriverait facilement à rendre 4 et même 5 pour 100 en même temps qu'elle produirait à plus bas prix.

Le manque de numéraire la prive de faire les améliorations utiles au rapport, si peu coûteuses qu'elles soient; rend les travaux plus dispendieux par la privation des outils nécessaires; se refuse aux innovations, aux expériences; ne lui permet point de se procurer les engrais, et l'oblige souvent à ne donner qu'une partie des façons, même de celles strictement nécessaires.

Le manque d'eau contribue encore pour sa grosse part à diminuer les produits des terres, et

couvertures (*), tant la charité de cette cérémonie suprême est jetée méprisamment!

(*) En novembre 1845, un fait identique a eu lieu, c'était une jeune épouse; elle ne put être sauvée. — Voir les journaux.

le vieux monde n'a rien fait pour utiliser celles que nos fleuves nous convient à leur emprunter pour conjurer les funestes effets des sécheresses.

L'eau est indispensable au développement de la plante ; la France est sillonnée de fleuves, de rivières, de sources de toute importance, suffisantes à l'irrigation de sa superficie par l'abondance de leurs eaux, et ces eaux se perdent sans profit.

Chaque été a sa sécheresse ; dès que l'eau manque à la plante, sa sève diminue relativement, ses privations augmentent, et lorsqu'elle reçoit ensuite l'eau, elle se trouve arriérée et du temps qu'elles ont duré et de celui qu'il lui a fallu pour se refaire, le tout au préjudice de son rapport.

Une particularité remarquable, — nous parlons du Midi : — à mesure que la sécheresse se prolonge, la plante pousse progressivement son fruit vers la maturité, dont elle devance l'époque ; mais comme la sève n'est pas suffisante à le produire convenablement, le fruit, mal nourri, mûrit sans se développer ; maladif et pour ainsi dire rachitique, il est moins volumineux que d'ordinaire et d'une qualité très-mauvaise.

Quelquefois la sécheresse commence à se faire sentir avant que la plante ait pris un certain développement, et se prolonge au point de la dessécher avant que le fruit puisse se développer et atteindre cette maturité forcée et rachitique que la sève entièrement épuisée se refuse à lui donner ; alors il meurt, et souvent la plante elle-même aussi.

Lorsque la sécheresse disparaît avant qu'elle soit arrivée à ce point, la plante revient à elle, mais alors elle éprouve un temps d'arrêt aussitôt qu'elle a repris sa verdure, pendant lequel les progrès du fruit vers la maturité restent suspendus et paraissent rétrograder même, dans presque toutes les occasions, pour reprendre ensuite et mûrir avec promptitude. Dans ce cas le fruit regagne un peu en volume, maisd'une manière peu sensible, et sa qualité ne s'en améliore point; elle est détestable.

La sécheresse donc nuit aux récoltes en proportion de sa durée, relativement à la diminution de leurs produits et de la mauvaise qualité, et devient une des nombreuses causes qui réduisent les revenus des terres; en cela elle est d'autant préjudiciable à l'agriculteur par les produits dont elle le prive ou par les pertes qu'elle lui occasionne; à l'alimentation, par la différence de rendement et par l'infériorité de la qualité. En effet, le blé, par exemple, selon qu'il aura plus ou moins souffert de la sécheresse, donnera plus ou moins de gluten et plus ou moins de son, l'olive et le raisin plus ou moins de marc, au détriment ou à l'avantage du rendement en huile ou en vin, lesquels seront aussi plus ou moins riches en qualité.

On ne saurait croire combien la sécheresse décime les récoltes, surtout celles de l'arbre fruitier, soit à l'époque de la défloraison, soit à celle de la *mue* du fruit (1), soit pendant la période qui précède les premiers efforts vers la maturité, en créant le germe rongeur qui doit la dévorer; et pendant la *mue*, en provoquant une dureté qui le plus souvent va jusqu'à son desséchement, jusqu'à ce qu'il tombe épuisé.

La mévente des récoltes, ou la nécessité de les vendre à vil prix, figure aussi parmi les causes qui contribuent à amoindrir le rapport des terres en privant, dans le premier cas, le cultivateur de moyens pécuniaires pour les travaux, et, dans le

(1) Nous ignorons le terme, s'il y en a un, qui exprime la seconde époque, celle du développement.

Cette époque est celle, pour les fruits à pépins, où la couronne se restreint ou se resserre.

second, en le frustrant d'une partie de ce qui lui reviendrait s'il n'avait pas été poussé par le besoin.

Ses récoltes sont dans son grenier, sa grange ou sa cave; il manque d'espèces, parce que la société actuelle manque de moyens transactifs suffisants, et qu'elle n'a pas de créations qui lui viennent en aide; il ne peut faire ses travaux agricoles en temps utile; de là, perte de journées de travail pour le paysan prolétaire, qui reste inoccupé; diminution de produits alimentaires; moins de rendement pour le propriétaire, car les travaux agricoles doivent être faits à temps, sous peine de s'exposer à les voir souvent même amener de la perte par la chétivité de la récolte.

Retardez les façons à donner aux vignes, aux oliviers, etc.; vous irez contre les influences atmosphériques d'abord, et ces travaux seront à peu près sans produit, et puis l'intervalle entre les façons ne vous permettra pas de les faire toutes; l'olivier et le cep de vigne, etc., souffriront, se détérioreront, et non-seulement ils en rapporteront moins cette année-là, mais encore les années suivantes, jusqu'à ce que le sujet, arbre ou arbuste, se soit refait.

Dans les grandes semences, vous ne serez plus en harmonie avec les époques des pluies et des neiges; outre que vos blés ne trouveront pas la terre convenablement disposée, le temps de se développer leur aura manqué, quand arrivera la période de leur floraison; les lois de la nature sont immuables, impérieuses, et votre blé, au lieu de développer plusieurs tiges fortes, bien nourries à chaque plante, en présentera une, deux, ou trois au plus, frêles, étiolées.

Dans les petites semences, l'époque de la maturité ne laissera pas assez d'intervalle entre les diverses floraisons; pour certaines, le fruit se développera précipitamment, il sera en petite quantité et d'une qualité inférieure.

CHAPITRE XVIII.

Les fléaux destructeurs.

Ce fléaux sont : les sécheresses, les inondations, la grêle, les brumes, les gelées, les incendies, les épizooties, etc., etc.

Les sécheresses :

Nous avons dit quelques mots que nous croyons suffiants pour faire comprendre la nécessité d'une création générale de canaux d'irrigation, ainsi que nous l'indiquerons dans la suite de cet aperçu.

Les inondations :

Elles sont une des grandes causes d'émigration dans les villes.

Il est difficile de conjurer ce fléau; mais on peut l'amoindrir en endiguant les rivières, en reboisant les montagnes, et réparer ses funestes effets au moyen d'une assurance paternelle, protectrice.

Nous ne décrirons point les ravages de l'inondation; tout le monde les connaît et se rappelle celles de la Loire, du Rhône, de la Seine et tant d'autres; nous ferons seulement ressortir combien de temps il faut à une contrée qu'un débordement a dévastée pour se relever, quand le sol bouleversé a vu déraciner une partie de ses arbres, qui gisent çà et là, renversés, mutilés; quand les eaux en fureur ont enlevé et emporté les autres, détruit les récoltes, noyé les troupeaux, les chevaux, croulé des maisons, dispersé ou brisé les mobiliers, anéanti les provisions, englouti les objets précieux, etc.

Il faut d'autant plus de temps pour réparer tant de désastres, que l'ami, le parent, le voisin, qui pourraient venir en aide, sont victimes aussi et ont eux-mêmes besoin d'être secourus. La charité publique s'émeut, il est vrai, aux récits de la détresse des inondés; des souscriptions sont ouvertes; le gouvernement intervient; mais ces souscriptions, cette intervention sont limitées (1); à peine si réunies elles s'élèvent à trois ou quatre pour cent du dommage causé, surtout si l'on considère qu'une année va s'écouler encore avant que le sol puisse être remis en rapport, qu'il faut de longs espaces de temps pour remplacer les arbres détruits... qu'il faut déblayer les prés, aplanir les champs, écouler les eaux stagnantes, rétablir les limites des propriétés, refaire les haies, creuser les fossés, dégager les vignes, replanter des arbres, retracer et niveler les jardins, reconstruire les habitations, les granges, les fermes, recréer les communications, etc.; et ces nombreux travaux, qui dans l'intérêt général autant que dans l'intérêt particulier exigeraient d'être exécutés promptement pour ne pas priver et la société et l'inondé, ne peuvent l'être que très-lentement; les moyens manquent aux riches même, et les pauvres sont dans la détresse; aussi une partie de la population prolétaire s'éloigne des lieux où elle est exposée à mourir de faim, et vient porter ses bras au milieu des milliers de bras qui restent oisifs dans les villes, faute d'emploi ou par abrutissement.

(1) En 1832, dans le département des Pyrénées-Orientales, une inondation nous ravagea complétement un hectare et demi de jardin, et nous enleva près de deux hectares de bois riverain. Le gouvernement vint au secours du département; il nous indemnisa. Pour notre part, à titre de défrayement, il nous revenait 3 fr. et quelques centimes!

Voilà l'ancien monde ! Dans le nouveau un impôt-assurance bien entendu réparera tout le mal qu'il ne pourra prévenir.

La grêle, les brumes, les gelées :

Fléaux dévorants qu'on ne peut éloigner, mais dont la prévoyante assurance, dans l'avenir, comblera les désastres ; ils contribuent beaucoup au dépérissement de l'agriculture par les préjudices qu'ils lui portent et les émigrations qu'ils provoquent.

Les incendies :

Combien ne voit-on pas dans toutes les villes des familles entières, se disant incendiées, venir d'abord y mendier leur pain et puis s'y fixer ! Disent-elles vrai ? elles font le procès à notre assiette d'impôt fiscale et égoïste ; mentent-elles ? elles lui font celui d'imprévoyance et d'immoralité.

Mais, nous dira-t-on, que ne se fait-on assurer ? Il existe des compagnies en masse, et c'est à peine si un dixième de la propriété bâtie est garantie ? C'est vrai, nous le reconnaissons ; nous reconnaissons aussi que les compagnies d'assurance sont très-nombreuses et qu'elles bénéficient toutes beaucoup, et c'est par cela même que nous voudrions que la garantie partît de l'État, que l'impôt se confondît avec l'assurance, qu'elle fût obligatoire comme impôt ; alors elle deviendrait équitablement mutuelle ; alors elle serait très-légère pour chacun, puisque les profits entreraient en recette au Trésor et diminueraient d'autant la cote à percevoir. Alors, une prévoyance paternelle sauverait de la ruine tant de familles qu'un incendie y plonge, les unes par incurie, d'autres ne comprenant pas le bienfait de l'assurance, d'autres par diverses causes.

Nous allons en signaler une :

Un incendie dévore un immeuble ; il est assuré ; le propriétaire fait constater le dommage.

En attendant d'être indemnisé, comptant sur ce qui lui revient et désireux de rentrer chez lui, il fait rebâtir; il emprunte... L'indemnité due ne se paie pas; on apporte des retards... Il réclame, il prie, il presse... Il finit par poursuivre le paiement... En attendant, les intérêts courent.

On ne peut pas laisser la maison inachevée; on emprunte encore. La compagnie se défend par tous les moyens à sa portée.

Déboursés, perte de temps, affaires négligées, intérêts à servir, tout le ruine petit à petit... Le montant de l'indemnité ne suffira plus à combler le déficit; mais patience... Enfin, l'affaire se juge... la compagnie est exonérée de l'indemnité ; l'assurance était mal rédigée ; elle est nulle, le jugement l'a décidé : LE FAIT CÈDE DEVANT LE DROIT.

L'assuré a payé la prime pendant vingt ans, c'est toujours la même rédaction de police renouvelée : il n'était pas assuré. LE DROIT !

Alors, dit-il, que la compagnie me rende mes primes? Du tout; vous les avez soldées, donc vous vouliez les donner ! LE DROIT ! vous n'avez rien à réclamer ; mais vous avez, par compensation, à payer l'avocat, deux avoués et leurs grimoires, des huissiers, des recors, des greffiers, le timbre, l'enregistrement... que sais-je ?... LA JUSTICE DE L'ANCIEN MONDE.... Et il en est encore pour les courses, voyages, insomnies!... Oh! que l'économie sociale actuelle est édifiante !

Cela lui apprendra à compter sur la loyauté, la bonne foi, la probité, l'équité, la justice même... La compagnie, mieux avisée, sachant l'ancien monde sur le bout des doigts, S'EST APPUYÉE SUR LE DROIT...

Ce n'est là qu'une des nombreuses MORALITÉS

qui surgissent chaque jour dans un pays où le DROIT permet d'être honnête homme tout juste pour éviter que la loi ne puisse vous atteindre ; où vous pouvez prendre, vous procurer illoyalement de grandes valeurs ; le DROIT vous en donne le droit ; mais gare si vous volez un centime ! dans un pays où un soufflet donné à un vieillard, au sein d'une assemblée nationale, en face de la nation, se paie 200 fr. d'amende, ce qui équivaut à un acquittement, et quoique l'on soit un duelliste à la main malheureuse, si l'on s'appelle Bonaparte, et 1000 fr. d'amende et deux ans de prison quand on se nomme Raspail, bien que le soufflet ait été donné dans un corridor, en dehors de la solennité de l'assemblée et à un homme qui n'est pas un vieillard.

Les épizooties :

Moins funeste que les dévastations que nous venons d'indiquer, l'épizootie n'en est pas moins un fléau très-préjudiciable à l'homme des champs. L'impôt-assurance doit en réparer les ruinants effets, de même qu'une sage prévoyance dans l'aménagement des bergeries, étables, écuries, etc., doit prévenir leur introduction.

Hommes de l'avenir ! préparons tous avec ardeur nos matériaux pour l'édification du nouveau monde ! le vieux s'écroule ! Il tombe de vétusté sous le fardeau dont les pygmées avaient chargé le peuple ; ce géant, confiant et crédule, bientôt il secoue ses épaules pour le leur rejeter et les écraser sous sa lourdeur !

CHAPITRE XIX.

Le manque de fêtes consacrées à honorer les vertus.

La monarchie nous a toujours gratifié de fêtes; mais en a-t-elle jamais donné une seule dont le but fût d'élever, d'agrandir, de moraliser l'homme? Non, jamais; toutes au contraire tendaient à la frivolité, à l'étourdissement, à l'avilissement... Toutes, dans leurs principes d'institution, dans leurs programmes, rappellent ces fêtes de l'antiquité ou du bas-empire, créées pour distraire un moment l'esclave ou l'ilote, lui faire oublier un instant le poids de sa chaîne, soit qu'on voulût l'alourdir encore, soit qu'on craignît qu'un excès de désespoir ne le portât à la briser.

Jamais une pensée grande, généreuse, émulative, humanitaire, s'est-elle introduite dans leur programme? Voyons :

Un feu d'artifice, puérilité passagère, les clôturait toutes, comme si dans leur effronté cynisme ils narguaient la nation jusqu'à lui dire en quelque sorte : C'est de la poudre aux yeux que nous te jetons... car cette fête, qu'on dit préparée pour toi, ce produit pyrotechnique à la lueur duquel tu vas t'extasier, qu'on crie si haut être préparé pour te distraire, t'amuser, te réjouir un moment, tu en profiteras si tu peux.

Vois-tu ces places réservées? elles ne sont pas pour toi, peuple! Il ne t'est pas permis de les approcher... et cependant ce spectacle est public, général, commun à tous; mais les mots dans l'ancien monde ont une définition qui leur est particulière...

Les vois-tu, ces places réservées?... elles sont

pour les folâtres, ceux qui passent leur vie de plaisir en plaisir, de spectacle en spectacle... Ceux-là veulent bien aujourd'hui ne pas te fermer le lieu de leurs joyeux rendez-vous; ils te font la grâce de t'admettre, non près d'eux, ils te méprisent; non dans les bonnes places, ils ne cèdent jamais leurs priviléges; mais ils t'octroient la voie publique, ils te laissent prendre ta part d'un plaisir qu'ils se donnent, par cela seul qu'ils ne peuvent se la donner que dans un lieu ouvert; mais ils te diront que c'est pour toi, que c'est toi qu'ils ont eu en vue dans leur sollicitude.

La messe en musique, payée par le peuple, et à laquelle il ne peut assister; la place d'honneur occupant la moitié du temple, et la faveur l'autre moitié... Et de cette messe encore, quel en est l'enseignement, la moralité? on adule le souverain... même en présence de Dieu!

Les distributions de comestibles.

Pousser toujours à la mendicité, par la manière avilissante dont elles sont faites: tel est le but; mais cela amuse les grands, qui cachent sous le dehors de la bienfaisance un spectacle d'ilotes affamés, se heurtant, s'étouffant pour arriver à un cervelas qu'ils leur donnent. Spectacle rappelant les anciens combats d'esclaves, se déchirant pour amuser le maître.

Et ces distributions de vin, faites dans la rue, sur la place publique, poussant à l'ivrognerie et plongeant l'humanité dans l'état d'avilissement de la brute.

Et ces jeux gratis, ces baladins, ces mâts de cocagne! frivolités étourdissantes, qui n'ont jamais parlé ni au cœur ni à l'âme, qui visent droit aux sens et sont toujours plus ou moins corruptrices.

Ah! qu'il y aurait à dire sur toutes les institutions MORALES de la monarchie!...

www.ingramcontent.com/pod-product-compliance
Ingram Content Group UK Ltd.
Pitfield, Milton Keynes, MK11 3LW, UK
UKHW021006200726
13857UKWH00004B/1301

9 782012 983663